Reich ist man, wenn man etwas hat,
das mehr ist als materielle Dinge.
Ingeborg Bachmann

Inhaltsverzeichnis

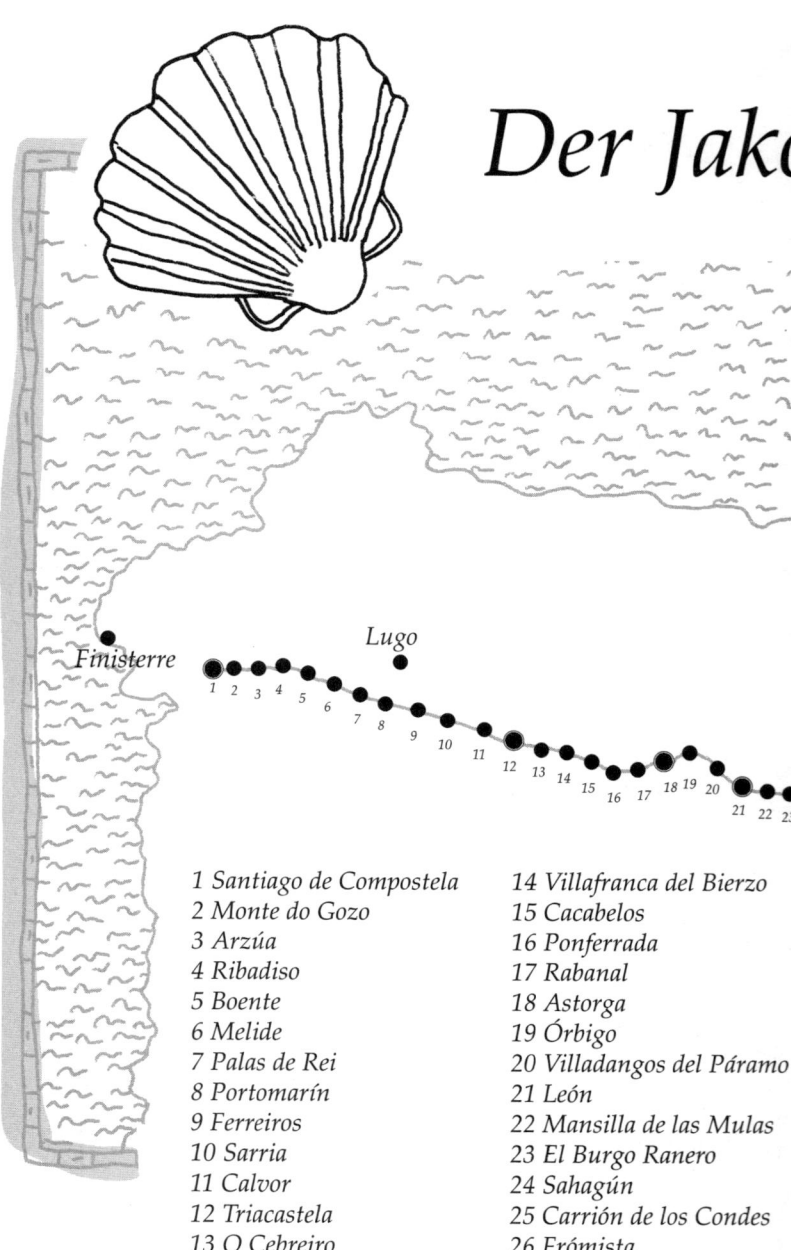

Der Jako

Finisterre

Lugo

1 2 3 4 5 6 7 8 9 10 11 12 13 14 15 16 17 18 19 20 21 22 23

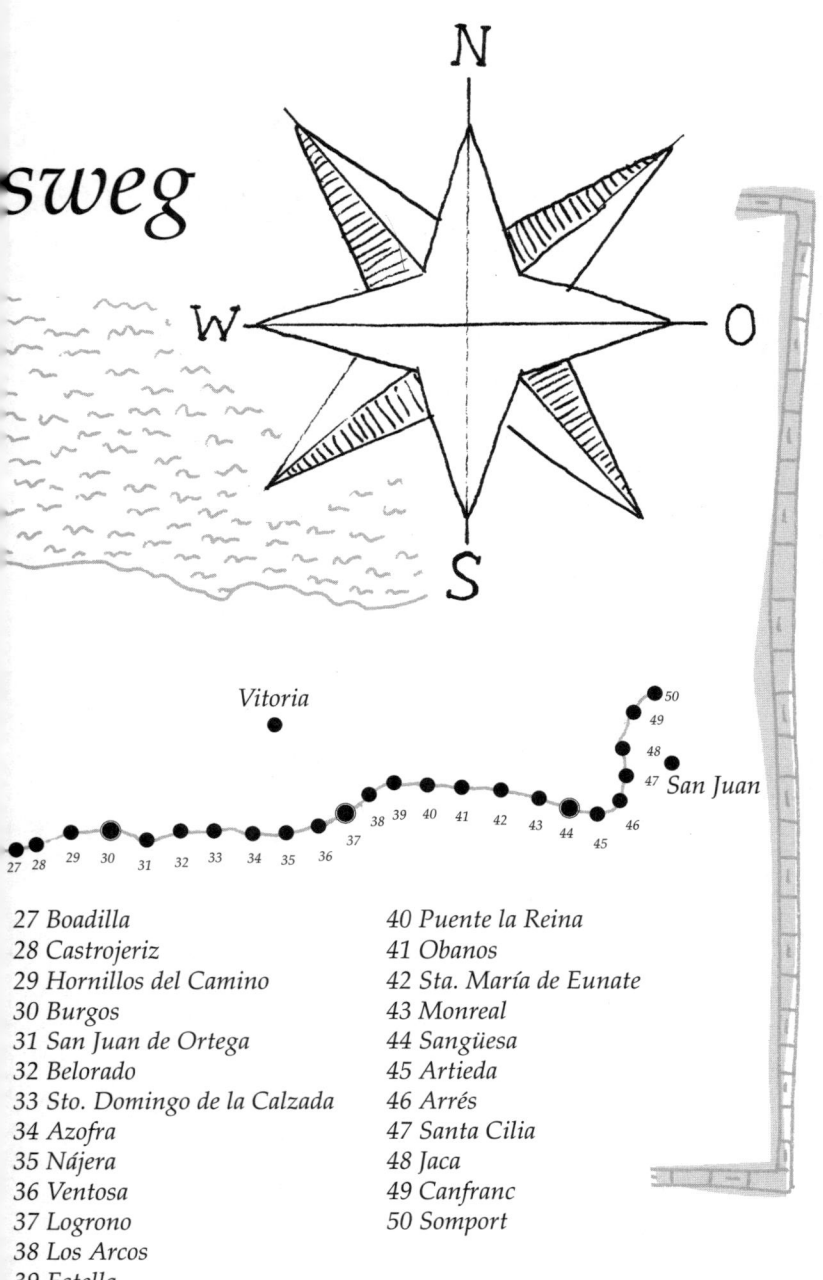

sweg

N
W   O
S

Vitoria

San Juan

27 28 29 30 31 32 33 34 35 36 37 38 39 40 41 42 43 44 45 46 47 48 49 50

27 Boadilla
28 Castrojeriz
29 Hornillos del Camino
30 Burgos
31 San Juan de Ortega
32 Belorado
33 Sto. Domingo de la Calzada
34 Azofra
35 Nájera
36 Ventosa
37 Logrono
38 Los Arcos
39 Estella

40 Puente la Reina
41 Obanos
42 Sta. María de Eunate
43 Monreal
44 Sangüesa
45 Artieda
46 Arrés
47 Santa Cilia
48 Jaca
49 Canfranc
50 Somport

Die erste Reise
auf dem Camino

Mai 2004

Buen Camino

Etwas nervös bin ich ja, aber auch glücklich: Nun bin ich endlich auf dem Weg! Sieben Jahre sind vergangen, seit ich nach Santiago de Compostela pilgern wollte. Aber dann kam alles ganz anders. Doch jetzt habe ich alle Widerstände überwunden, mein Körper ist fit wie lange nicht mehr, und meiner Familie gingen die Argumente aus. Sie mussten trotz aller Bedenken erkennen, dass diese Pilgerreise mein größter Wunsch ist, dass ich gehen muss.

Das ist unmöglich, sagten viele Bekannte und Verwandte, du wirst diesen schweren Weg nicht schaffen. Wie viele Kilometer sind das denn?

Eigentlich achthundert, aber ich gehe ab Burgos, und das sind nur fünfhundert Kilometer.

Weißt du, wie viele Tage du unterwegs bist, wurde ich gefragt.

Ja, ich denke etwa vier Wochen.

Ihre Zweifel blieben. Bei den meisten schwang wohl die Befürchtung mit, ich könnte unterwegs krank werden.

Nimm wenigstens ein Handy mit, riet meine Schwiegertochter, als sie merkte, dass sie mich von meinem Vorhaben nicht würde abbringen können. Aber ein Handy wollte ich nicht. Die gibt es schließlich erst seit ein paar Jahren, Pilger jedoch waren schon immer unterwegs.

Wenn ich nicht gleich in den ersten Tagen scheitern wollte, musste mein Rucksack so leicht wie nur irgend möglich sein. Lange dachte ich darüber nach, was ich wirklich brauchte. Welches Teil von zwei möglichen war das leichtere? Allein die regendichte Jacke wog vierhundert Gramm. Das ist sehr viel, aber ich konnte sie nicht entbehren. Dann der Schlafsack, den ich etwas wärmer gewählt hatte. Ebenso wichtig waren Wäsche, Wandersocken, Handtuch und Waschzeug. Salben für Füße und Waden, wenn auch in kleinsten Mengen, aber auch die haben ihr Gewicht. Zum Schlafen nahm ich eine Trainingshose, die auch tagsüber mal meine Jeans ersetzen könnte. Trekkingbluse und Fleecejacke sollten mich auch in kalten Nächten wärmen.

Ich musste damit rechnen, an Orte zu kommen, in denen es keine Apotheke gibt. Darum nahm ich neben meinen täglichen Medikamenten und Vitamintabletten noch alle möglichen Arzneien mit. Ohne Verpackungen und Gebrauchsanweisungen wog dieses kleine Täschchen schon fünfhundert Gramm. Dazu kamen noch die Unterlagen der Krankenversicherung, auch den letzten Arztbrief musste ich bei mir haben.

Um das angestrebte Gewicht von sechs Kilogramm einigermaßen zu halten, entschied ich mich gegen ein Paar Ersatzschuhe und nahm stattdessen nur ganz leichte Badelatschen. Der einzige Luxus, den ich mir erlaubte, war ein Fön.

Mein lieber, geduldiger Ehemann Peter half mir in allen Belangen der Vorbereitung. Aber er sagte auch, es sei allein schon unverantwortlich, mich mit diesem schweren Rucksack gehen zu lassen.

Und überhaupt, was machst du, wenn dir unterwegs was passiert? Du bist ganz allein, wer soll dir dann helfen?

Mach dir keine Sorgen, entgegnete ich, ich werde nicht allein sein. Den Jakobsweg gehen viele Pilger. In fast jedem Ort ist eine Herberge. Und wenn ich nicht mehr gehen kann, dann fahre ich eben mit einem Bus. Ich werde in Santiago ankommen.

Woher ich den Mut nahm, weiß ich nicht. Aber meine Sicherheit war ganz tief in mir. Kein Argument konnte meinen Glauben an das Gelingen erschüttern.

Die Wanderschuhe hatte ich bereits den ganzen Winter über eingelaufen, nun waren sie sehr bequem. Nachdem ich mich endlich entschlossen hatte, meinen Rucksack nicht weiter auf Inhalt und Gewicht zu überprüfen, konnte ich mit dem Training beginnen. Täglich wanderte ich nun zwei oder drei Stunden. Schon nach wenigen Tagen war ich den Rucksack so gewöhnt, als wäre er ein Teil von mir. Allerdings gibt es am Niederrhein keine wirklichen Berge. Die Bedingungen auf dem Camino würden wesentlich schwieriger sein, dessen war ich mir bewusst.

Der Monat Mai, dachte ich, sei ein günstiger Pilgermonat. Dann dürfte es in Burgos nicht mehr zu kalt sein; Burgos liegt beinahe neunhundert Meter hoch. Santiago wiederum würde bis Ende Mai noch nicht zu warme Temperaturen haben. Also kaufte ich mir für Anfang Mai ein Flugticket. Peter fuhr mich zum Flughafen und blieb bei mir, bis ich aufgerufen wurde.

Mutig bestieg ich das Flugzeug. Ich war felsenfest davon überzeugt, keinem Unglück zu begegnen, nicht krank zu werden und mein Ziel zu erreichen. Dennoch: Ab jetzt war ich auf mich allein angewiesen, was immer auch passieren mochte. Ein junger Mann half mir, den Rucksack in das

Gepäckfach zu legen. Wahrscheinlich fragte er sich, wie ich in diesem Alter noch mit einem Rucksack reisen konnte. Jedenfalls blieb mir sein leichtes Kopfschütteln nicht verborgen.

In Madrid war ich umgestiegen. Nun, beim Verlassen der Maschine in Vitoria, fiel mein Blick als Erstes auf einen riesigen Berg mit schneebedecktem Gipfel, der sich in weiter Ferne erhob. Einen Moment lang dachte ich: Hoffentlich muss ich da nicht drüber. Aber dieser Berg liegt in nördlicher Richtung, beruhigte ich mich. Ein Glück, denn ich gehe erst ab Burgos, südlich von Vitoria.

Die letzten hundert Kilometer fuhr ich mit einem Überlandbus. Gegen sechzehn Uhr bin ich endlich in Burgos. Mein Abenteuer, *una peregrina* zu sein, kann beginnen.

Burgos

Nur der erste Schritt macht Schwierigkeiten.

Madame du Deffand

Vom Busbahnhof Burgos bis zu einer schönen alten Steinbrücke über den Fluss Arlanzón gehe ich etwa zehn Minuten. Viele Schwalben, es müssen Hunderte sein, fliegen über
das glasklare Wasser. Weiter durch das Tor Santa Maria, und
schon stehe ich vor der Kathedrale. Unzählige Türme und
Türmchen weisen in einen wolkenverhangenen Himmel.
Gerade beginnt es leicht zu regnen. Das Innere der Kathedrale ist riesig, es wird renoviert, und der größte Teil ist leider abgesperrt.

Ehe ich endgültig zur Herberge gehe, muss ich unbedingt
noch Brot kaufen. Außer beim Busbahnhof habe ich kein
Geschäft gesehen. So gehe ich noch einmal zurück und kaufe frisches Weißbrot, dann folge ich dem Fluss bis zu dem
Park, wo die Herberge liegt. Inzwischen ist es empfindlich
kalt geworden und auch sehr windig.

Ich habe viel zu wenig gesehen, denke ich, ich müsste mir
mehr Zeit lassen. Aber ich brauche schließlich ein Bett. Tatsächlich sind nur noch drei Betten frei. Meines ist ganz hinten in dem großen Raum: die obere Etage eines Stockbetts.
Ohne Hilfe da hinaufzuklettern, wird für mich nicht einfach sein.

Das Leitungswasser ist so eisig, als käme es von der

Schneeschmelze. Ich fülle schon mal meine Trinkflaschen, vielleicht hat es sich bis morgen früh wenigstens etwas erwärmt. Zu meiner Freude hat diese Herberge ein Münztelefon. So kann ich bequem mit Peter sprechen.

Mit einem Anruf von mir hat er heute noch gar nicht gerechnet. Er freut sich sehr. Es ist viel kälter als bei uns, sage ich. Und in dem Schlafsaal sind bestimmt 50 Betten, ich bin die Nummer 44. Es sind auch Decken da, ich werde nicht frieren, versichere ich ihm, auf seine Bedenken hin, dass es mir hoffentlich nicht zu kalt werden wird. Mit dem Versprechen, so schnell wie möglich wieder anzurufen, sagen wir uns gute Nacht.

Niemals zuvor habe ich mit so vielen Menschen in einem Raum geschlafen. Zunächst sind alle sehr beschäftigt. Manche waschen trotz des kalten Wassers Wäsche. Sie pflegen ihre Füße und reiben die Beine ein, massieren sich gegenseitig. Ich selbst, als die Neue im Kreis der Pilger, schaue ihrer Geschäftigkeit zu.

Andere müssen ihre Pilgerreise hier abbrechen. Sie diskutieren die Abfahrtszeiten von Zügen und Bussen, und welcher Flughafen am günstigsten zu erreichen ist. Eine junge Frau hat keine Idee, wie sie ihr Fahrrad von hier aus zurücktransportieren soll. Fahren kann sie damit nicht mehr, sie hat ein Furunkel.

Eine andere Frau will morgen früh mit dem Bus bis Bilbao fahren und hofft, dort noch am gleichen Tag einen Platz in einem Flugzeug nach Deutschland zu ergattern. Gleich zu Beginn war sie in den Pyrenäen auf matschiger Erde gefallen. Dabei hatte sie sich am Schienbein verletzt, und die Wunde will einfach nicht heilen. Sie ist mit einem älteren

Ehepaar aus Sachsen und einem weiteren Pilger unterwegs und hatte vor mir telefoniert. Spontan lädt sie mich ein, mit ihnen zum Pilger-Menú zu gehen. Kannst ruhig mitkommen, wir kennen uns alle erst, seit wir auf dem Camino sind.

Froh, an diesem ersten Abend zwischen all den vielen Pilgern nicht wirklich allein sein zu müssen, gehe ich mit ihnen. Es regnet immer noch leicht. Ein kurzes Stück nur geht es an einigen Häusern entlang, und schon sind wir in dem etwas rustikal eingerichteten Lokal.

Ein Tisch wird frei, und wir können uns setzen. Das Essen ist bestellt, der Rotwein wird gebracht – da fällt mir mein Reisegeld ein. Ich habe es in meiner soeben in der Herberge abgelegten Kleidung zurückgelassen.

Jemand schenkt den Wein ein, und alle versichern, ich brauchte mir keine Sorgen zu machen, denn in den Herbergen und auf dem Camino stiehlt niemand. Wir müssen es schließlich wissen, heißt es, wir sind schon den elften Tag unterwegs. Gern würde ich etwas Warmes essen, aber ich habe keine Ruhe mehr und eile zur Herberge.

Meine Sachen sind unberührt und liegen wie vorher auf dem Bett. Auch das Geld ist genau da, wo ich es vergessen hatte. Jetzt, wo ich es bei mir habe, könnte ich wieder zurück ins Gasthaus gehen. Aber inzwischen regnet es richtig, und meine Kleidung würde nur unnütz nass werden. Also nehme ich aus meinem Rucksack eine kleine Fischkonserve, esse von dem Weißbrot und trinke Wasser dazu. Mit der Gewissheit, dass Pilger liebenswürdige und grundehrliche Menschen sind, schlafe ich ein.

Von Burgos nach
Hornillos del Camino

Wo gehen wir denn hin?
Immer nach Hause.
Novalis

Es ist noch stockfinster, als ein sich ständig hin und her bewegender Lichtschein meine Neugier weckt. Mit meiner kleinen Taschenlampe leuchte ich auf die Armbanduhr. Ich traue meinen Augen nicht: Es ist noch nicht mal fünf. Trotzdem kommt das Licht schon von einer Gruppe Pilger, die ihre Leuchten um die Stirn tragen, ähnlich den Bergmannslampen. Bereits komplett angezogen, packen sie gerade ihre Rucksäcke. Jeder Handgriff sitzt wie tausendfach geübt. Leise fällt die Tür hinter ihnen ins Schloss. Bestimmt sind sie die Allerersten auf dem Camino.

Einmal wach, schleiche auch ich mich vorbei an den vielen Schlafenden. Dadurch bin ich im Waschraum ganz für mich. So früh zu sein, ist also ein großer Vorteil. Puh, das Wasser ist über Nacht noch kälter geworden!

Gegen sechs Uhr geht die Beleuchtung an. Nun sind sie alle wach, und mir scheint, der ganze Raum gerät in Bewegung. Auch ich kann es nun kaum mehr erwarten, loszuwandern. Ich schultere meinen Rucksack und trete hinaus in die klare, kalte Luft.

Ein leises Knirschen begleitet meine ersten Schritte auf

dem Camino, denn die Wiese vor der Herberge ist mit Raureif überzogen. Jemand sagt, es hat nur ein Grad plus. Doch schon schickt die Sonne ihre ersten Strahlen, und der Himmel leuchtet in einem tiefen Blau, ohne eine einzige Wolke.

Die gelben Pfeile, die den Pilgerweg markieren, sind sehr gut sichtbar angebracht. Mein Buch über den Jakobsweg, »Der Weg ist das Ziel«, ist mir eine weitere sichere Hilfe. Als Erstes sehe ich mir das darin beschriebene ehemalige Pilgerhospital an. Ein imposantes Gebäude mit Innenhöfen, Säulengängen und Brunnen. Gerade erreicht das erste Sonnenlicht die über und über mit Figuren verzierten Zinnen. Ich kann mich von dem Anblick gar nicht trennen, aber ich muss ja weiter. Beinahe wäre ich auf dem Trampelpfad auf eine grünlich schimmernde Echse getreten. Als ich sie fotografiere, dreht sie ihren Kopf wie in Zeitlupe zu mir. Noch halb erstarrt vor Kälte, erwartet sie hier wohl die wärmende Sonne.

Schon begegnet mir auch der erste Storch und landet auf einer Wiese, um sich sein Frühstück zu suchen. Vielleicht findet er ja eine dicke, fette Echse. Auch wenn mir dieser Gedanke nicht so recht gefallen will. Obwohl nur ein paar Schritte von mir entfernt, stolziert der Storch gemächlich über die Wiese. Wie schlau er doch ist. Er weiß, ich kann ihm nicht näher kommen: Zwischen mir und ihm ist ein hoher Drahtzaun. Und ihn fotografieren kann ich auch nicht, stets habe ich nur das Gitter vor der Linse. Als ich den Ort Villalbilla erreiche, entdecke ich sein Nest auf dem Kirchturm. Störche werden mich auf dem ganzen Weg begleiten. Es gibt keinen Turm und kein höheres Gebäude ohne ein Nest, manchmal sind es sogar zwei oder drei.

Auch für mich ist es nun Zeit für ein Frühstück. Im nächsten Gasthaus bestelle ich mir Tee und ein Croissant.

Der erste Schritt sei der schwerste, sagt man. Dieses Problem hatte ich gar nicht, fällt mir jetzt auf: Ich bin schon zehn Kilometer gegangen, ohne groß darüber nachzudenken. Allerdings dürfen die Pausen nicht zu lang werden, denn ich gehe sehr langsam und habe noch zehn Kilometer vor mir. Frisch gestärkt, suche ich mir den Weg durch den Ort. Dabei begegne ich einer Dorfbewohnerin, die mich ganz unvermittelt anspricht. Sie erzählt mir von den Wegen und Orten bis Santiago de Compostela. Die Orte beschreibt sie als schön oder weniger schön, die Wege dorthin als sehr schwer oder weniger schwer, und Santiago sei einfach wunderbar. Ganz plötzlich, so wie sie ja auch begonnen hatte, hört sie auf zu reden, streichelt mir sanft über die Schulter und wünscht mir *Buen Camino*.

Riesige Steinberge sind jetzt rechts und links des Weges aufgetürmt. Oft sind die Steine zu Figuren aufeinandergesetzt. Aus der Ferne ergeben sich dadurch ganz bizarre Gestalten. Auch über die Felder verteilt liegen immer wieder diese Steinberge, von der Sonne ausgebleicht, beinahe weiß. Ein immer stärker werdender Wind bläst mir entgegen. Er kommt gerade recht, bläst er mir doch meinen Kopf frei und macht Platz für das Wesentliche.

Eine Gruppe junger Pilger geht an mir vorüber und mit ihnen ein kleiner schwarzer Hund. Er hat sich einen jungen Brasilianer als seinen Herrn ausgesucht und begleitet ihn nun schon seit den Pyrenäen.

In der Herberge in Hornillos del Camino treffe ich die jungen Leute wieder. Hier wird der Hund von allen umsorgt und geradezu verwöhnt. Nur will er einfach nicht draußen bleiben. Sobald die Tür sich öffnet, schleicht er hinein und findet sofort sein Herrchen.

Diese schöne Herberge liegt direkt neben der Kirche. Beide sind aus den gleichen großen Steinquadern gebaut. Hier gibt es mehrere Schlafräume, und wir sind nur zu zwölft in einem Zimmer. Leider sind die unteren Betten schon wieder belegt. In der Küche kann ich mir Tee kochen; dazu esse ich wieder eine Fischkonserve mit etwas Brot. Ein kleiner Rest Brot bleibt mir noch für morgen früh. An der Friedhofsmauer sind Leinen gespannt, und die warme Sonne und der leichte Wind versprechen ein schnelles Trocknen der Wäsche.

Schade, dass hier keine Bank steht, damit man sich mal in der Sonne ausruhen kann. Es wäre ein idealer Platz dafür. Sowieso sind in den Herbergen kaum Stühle, und auch außerhalb könnten mehr Sitzgelegenheiten sein.

Die Pilger aus Leipzig, die ich gestern in Burgos kennengelernt hatte, wollten am Vormittag noch die Stadt besichtigen und sind erst gegen Abend in der Herberge angekommen. Nun ist kein Bett mehr frei, und sie müssen auf Matratzen in der Küche nächtigen. Auf kaltem Steinboden! Sowieso ist es in der Küche kälter als in den Schlafräumen. Ich bedaure sie sehr und wünsche mir inständig, niemals in eine ähnliche Situation zu kommen.

Sie hätten schon schlechtere Schlafplätze gehabt, meinen sie. Und nach fröhlicher Begrüßung bedanken sie sich für das zusätzliche Mahl von gestern Abend. Ist schon in Ordnung, sage ich, wie ihr seht, bin ich nicht verhungert. Weshalb hätten sie es auch zurückgehen lassen sollen, es war ja von mir bezahlt.

Doch wieder können wir nicht zusammen essen: Der Speiseraum in dem Gasthaus gegenüber ist sehr eng, und wir können keinen zusätzlichen Stuhl an ihren Tisch stellen. So setze ich mich nach vorne in den Schankraum an einen großen runden Tisch. Dort sind wir international: ein älteres Ehepaar aus Kanada, eine auffallend gut gekleidete Dame aus Südamerika und zwei Frauen aus Frankreich. Ein weiteres älteres Ehepaar aus Deutschland, das nur in Hotels oder Pensionen übernachtet. Ulrike ist auch dabei – sie schläft im Stockbett unter mir. Eine sehr nachdenkliche, stille Frau. Vielleicht 40 Jahre alt. Später wird sie mir erzählen, dass sie, in Köln geboren, nun schon viele Jahre in Süddeutschland lebt. Erst vor Kurzem hatte sie ihre inzwischen über 80-jährige Mutter zu sich genommen. Deshalb hat sie auch ein Handy dabei, das sie in den mit der Mutter verabredeten Stunden empfangsbereit hält.

Es wird sehr viel Englisch gesprochen. Vieles verstehe ich, aber ungeübt, wie ich bin, fällt es mir sehr schwer, mich adäquat auszudrücken. Doch direkt neben mir sitzt eine junge Spanierin, die Jüngste in unserer Runde. Mit ihrem perfekten Deutsch und auch Englisch hilft sie mir schon mal mit Worten aus.

Später, wir liegen schon alle in unseren Schlafsäcken und hoffen auf Schlaf, kommt der *hospitalero* noch mal zu uns rein und räumt ein Bett leer. Der Pilger, der darin hätte schlafen sollen, ist während des Abendessens erkrankt und nach Burgos in ein Krankenhaus gebracht worden. Nachmittags hatten wir noch miteinander gesprochen, beide in mäßigem Englisch. Er sah so gesund und kräftig aus.

Hoffentlich passiert mir nicht so ein Unglück! Aber wenn es sein soll, kann ich immer noch sagen, ich bin zwar gescheitert, aber ich war auf dem Camino. Später könnte ich den Versuch noch einmal wagen. Im Leben ist alles offen. Was heute nicht gelingt, kann morgen schon Wirklichkeit sein.

Der Satz »Der Weg ist das Ziel« erhält auf dem Camino seine wahrhafte Bedeutung. Mir ist es eine Ehre, diesen Weg zu gehen, den Pilger aus aller Welt schon seit über tausend Jahren gegangen sind. Als *peregrina* will ich diesen Weg leben, und die Kraft, die von ihm ausgeht, mit all meinen Sinnen erfahren. Sehr oft werde ich auch leiden, das ist gewiss. Allein schon wegen der schweren Wege, aber hoffentlich nicht auch durch Krankheit. Mein ganz großes Ziel aber ist in jedem Fall Santiago de Compostela – die Krönung eines langen, langen Weges.

Von Hornillos del Camino
nach Castrojeriz

Leben ist, was uns zustößt, während wir uns
etwas ganz anderes vorgenommen haben.
Henry Miller

Früh um fünf leuchten schon wieder die Frühaufsteher
mit ihren Taschenlampen. Ich hätte so gern noch etwas
geschlafen! Aber schon sind auch die anderen auf. Also packe
ich meine wenigen Habseligkeiten, kontrolliere, ob ich
nichts vergessen habe, und fülle noch meine Wasserflaschen.
Der Herbergsvater verabschiedet jeden von uns. Mich umarmt er sogar, wünscht mir *Buen Camino* und gibt mir ein
Küsschen auf die Wange. *Gracias, señor, y adiós,* antworte
ich, und glücklich gehe ich des Weges. Den gelben Pfeilen
folgend, verlasse ich Hornillos del Camino. Später werde ich
mein Tagebuch vermissen. Es wird wohl ganz nach unten
gefallen sein, noch unter das untere Bett, da hatte ich nicht
nachgesehen. Zum Glück habe ich noch den Stift; damit
schreibe ich erst mal auf den Rückseiten des Arztbriefes.
Irgendwo werde ich einen größeren Laden finden und mir
ein neues Heft kaufen.

Den schönen Weg, an einem Hang entlang, sehe ich
bereits vor mir. Überall steht gelb leuchtend der Ginster; die
Vögel zwitschern jetzt im Mai mit all ihren Liedern. Etwas
bergauf ist eine Kapelle mit einem Friedhof, und der Vor-

platz lädt zum Verweilen ein. Aber genau in diesem Moment hält unten auf dem Parkplatz ein Autobus. Noch habe ich die Hoffnung, die Pilger würden sich erst den Ort ansehen. Aber schon kommen sie in kleinen Gruppen, sich lebhaft unterhaltend, meinen Weg herauf. Ich möchte mir meinen Vorsprung erhalten und lasse den Friedhof links liegen.

Schon als Kind bin ich gern auf die Friedhöfe unserer umliegenden Dörfer gegangen. Für mein Empfinden sagen sie sehr viel über die Bewohner und deren Leben aus. Ich selbst bin auch in einem kleinen Dorf aufgewachsen, lebte dort mit meiner Mutter und meiner Schwester. Und außer den damals ja überall gegenwärtigen Nachkriegsentbehrungen war meine Kindheit sehr glücklich. Bis meine Mutter wieder geheiratet hat. Sie hatte keine glückliche Hand bei der Wahl dieses Mannes. Diese Dinge kommen mir in den Sinn, als ich den Friedhof passiere. Doch schnell konzentriere ich mich wieder ganz aufs Gehen.

Aber der Versuch, meine Schritte zu beschleunigen, misslingt. Schon bald geht mir die Luft aus. Während ich auf einem Stein sitze, ziehen die Buspilger nun alle an mir vorüber. Langsam und ohne Rucksack, als gingen sie nur spazieren; die Schuhe der meisten sind auch gar nicht zum Wandern geeignet. Ein Glück, dass du nicht mit so einem Bus gefahren bist, denke ich. Gerade von diesem Busunternehmen hatte ich mir Prospekte durchgesehen.

Nun sind endlich alle vor mir, und ich versuche, Abstand zu halten. Ohnehin erregen Vögel meine Aufmerksamkeit, die einen mir unbekannten, seltsam krächzenden Ruf ausstoßen. Auf jeden dieser Schreie folgt die Antwort von der anderen Seite des Tales. Der eine Vogel müsste ganz in meiner Nähe sein. Dank etwas Geduld entdecke ich ihn schließlich. Mit einem rostroten Fleck auf der Brust und seinem grauen Gefieder, noch dazu auf einem grauen Stein stehend, hebt er sich kaum von der Landschaft ab. Später lese ich in meinem Vogelbuch die Beschreibung einer sogenannten Kleinen Trappe, die in Südeuropa und Afrika beheimatet ist.

Am Ende dieses herrlichen Wegstücks wartet der Bus auf seine Pilger. Aber noch sind längst nicht alle eingestiegen. Auf einem schönen Platz mit großen Felssteinen rastet ein junges Paar. Mein *Buen Camino* wird erwidert mit einem Hallo; die junge Frau sagt, komm setz dich zu uns, die Steine sind ganz warm. Gute Idee, ich habe heute sowieso noch nichts gegessen. Habe ich überhaupt noch etwas Essbares dabei? Mir fallen das trockene Brot ein und der Apfel, den ich schon seit Deutschland mit mir trage. Darüber bin ich jetzt richtig froh. Man soll eben nichts wegwerfen! Vorräte für mehrere Tage im Voraus kann ich ja nicht einkaufen, da der Rucksack sonst noch schwerer wäre.

Nachdem der Bus abgefahren ist, nehmen auch die beiden ihre Rucksäcke. Ich bleibe noch etwas sitzen. Es ist sehr schön, so allein zu sein und an nichts weiter zu denken. Hinter mir plätschert ganz leise ein Bach. Viele Kilometer gehe ich jetzt schon über eine Hochebene mit grünen Feldern, umrahmt von unnatürlich kahlen, beinahe weißen Bergen. Das sind die Folgen des Kalkabbaus, und die Aufforstung wird wohl noch Jahre in Anspruch nehmen.

Hier sind die Lerchen zu Hause. Jubilierend steigen sie in

den Himmel hinauf, und ganz hoch oben, wo das Blau am tiefsten ist, ziehen die Adler ihre Kreise.

Viele Steine und tiefe Furchen machen mir den Weg schwer. Wieder und wieder bleibe ich stehen, um Luft zu holen. Die Wasserflaschen sind seitlich am Rucksack angebracht, deshalb muss ich ihn immer abnehmen, wenn ich trinken will. Das ist sehr unpraktisch. Ich hätte auf Peter hören sollen. Er sagte, du brauchst ständig zu trinken, deine Flasche muss gut erreichbar vorne sein. Bestimmt wäre ihm noch eine andere Lösung eingefallen. Peter, beim nächsten Mal höre ich auf dich!

Eine Stunde oder sogar zwei gehe ich in völliger Einsamkeit. Habe ich womöglich einen Pfeil übersehen und gehe in die falsche Richtung? Zumal mir in diesem Moment doch tatsächlich ein Pilger entgegenkommt. Er stellt sich als einer jener sagenhaften Pilger heraus, die diesen ganzen Weg von Santiago auch wieder zu Fuß zurückgehen. Und das, obwohl er bestimmt älter ist als ich.

Buen Camino, sagt er und fragt, ob ich Hilfe brauche.

Danke, es geht mir gut, ich muss nur etwas ausruhen.

Bien?, vergewissert er sich.

Sí, bien.

Schöner und ergreifender als alle Bücher, die ich über den Jakobsweg gelesen habe, ist die persönliche Erfahrung. Ihn mit eigenen Füßen zu durchwandern, macht mich stolz und glücklich. Eindrucksvoll zeigt sich die Landschaft immer wieder neu; das sich stetig verändernde Licht zaubert dauernd neue Perspektiven hervor. Rechts am Horizont ziehen sich die Konturen der Schneeberge entlang. Vor mir fällt der Weg nun steil ab. In das Tal eingebettet liegt das

Örtchen Hontanas. Der Blick auf die weißen Häuser und die von der Sonne ausgebleichten hellroten, ja beinahe rosafarbenen Dächer lässt mich alle Mühe vergessen. Als Zierde thront über allen Giebeln der Kirchturm mit seinen hohen, schmalen Glockenfenstern.

Behutsam taste ich mich den steinigen und sehr steilen Weg hinab, immer darauf bedacht, mir meine Fußgelenke nicht zu verletzen, denn dann wäre alle Mühe umsonst gewesen. *Buen Camino,* steht auf einem großen Schild. Der Weg durch den Ort ist darauf beschrieben und die Lage der *albergue de peregrinos.* Die Jakobsmuschel, das Symbol dieses Pilgerwegs, erscheint überall. Als Zeichen der Pilgerschaft tragen auch wir deutlich sichtbar eine Jakobsmuschel mit uns. Meine habe ich oben am Rucksack befestigt, und wenn sie gegen den Reißverschluss stößt, klappert sie ganz leise. Eine liebe Bekannte hat sie mir mitgegeben. Als Talisman, sagte sie. Ihr selbst war diese Jakobsmuschel vor wohl etwa dreißig Jahren als Mitbringsel von einer Pilgerreise geschenkt worden.

Auf einer Bank im Ort rastet ein junger Pilger. Sogar die Schuhe hat er ausgezogen.

Bereitwillig schiebt er für mich seine Sachen beiseite. Sein Pilgerbuch hat einen deutschen Titel. Fast immer erkennt man die Nationalität schon anhand dieser Bücher, die die Pilger sehr oft zur Hand nehmen. Mit einem Stöhnen der Erleichterung nehme ich den Rucksack ab und sitze erst mal einfach nur so da.

Ich brauche Wasser und auch etwas zu essen. Das Dorf sieht aber nicht so aus, als hätte es ein Geschäft. Ich frage meinen Nachbarn.

Da vorne in der Gaststätte kannst du was kaufen, du bist gerade daran vorbeigegangen. Einen Stempel für deinen Pilgerpass hat er auch. Aber erwarte nicht zu viel, ruft er mir noch nach.

Nun, viel Auswahl sehe ich in dem kleinen und außergewöhnlich dunklen Raum nun wirklich nicht. Ich kaufe zwei große Tomaten und eine Banane. An dem Brunnen vor der Kirche wasche ich als Erstes mal gründlich die Tomaten und fülle meine Wasserflaschen.

Die Sonne und die Ruhe auf der Bank sowie die frischen Tomaten tun mir gut. Ich werde sogar etwas schläfrig. Plötzlich aber sehe ich mit Schrecken einen Weg, der am nächsten Berg steil nach oben führt. Ich spüre noch die letzte Steigung in den Knochen und ziehe mein Buch hervor, um nachzuschlagen.

Den jungen Mann frage ich, ob wir da noch raufmüssten.

Nein, sagt er, wir gehen jetzt nur noch im Tal weiter. Hast du kein Höhenprofil? Zeig mal, was ist das für ein Buch?

Er nimmt es mir aus der Hand, blättert darin herum und schaut vorne auf die Daten. Das Buch ist ja fast zehn Jahre alt! Ebenso hätte er sagen können, aus dem vorigen Jahrhundert. Das glaube ich ja gar nicht! Gerade in diesem und im letzten Jahr hat sich so viel auf der Strecke verändert, ich wette, du hast nur die Hälfte der Herbergen drin.

Das kann wohl sein, antworte ich ihm. Damals schon wollte ich durch Spanien pilgern, aber dann bin ich krank geworden. Und das Buch hat mir geholfen, mein Ziel niemals aus den Augen zu verlieren. Es war mein Halt über viele Jahre. Da konnte ich es doch jetzt, wo ich wieder gesund bin, nicht so einfach zurücklassen.

Nun, meint er, er könne mich wohl verstehen, aber dann hätte ich eben noch ein zweites, aktuelles Buch mitnehmen müssen.

Erst mal gibt es wieder viele Steine, rechts und links und auch auf dem Weg. Später, auf einer kleinen Landstraße, erreiche ich das schon lange nicht mehr bewohnte Kloster San Antón.

Die Straße führt mitten hindurch; links steht wieder der Reisebus, im Moment sind sie noch mit diesem Teil des Klosters beschäftigt. Auf der rechten Seite erkenne ich das inzwischen zugemauerte Fenster, durch welches die Mönche den Pilgern – den Aussätzigen, die überall ihre besonderen Lagerstätten hatten – das Essen reichten. Jetzt legen die Pilger der Neuzeit in die Fensternische kleine Bittzettel hinein. Damit sie nicht verloren gehen, beschwert man sie mit einem kleinen Steinchen. Manchmal wird auf den kleinen Briefchen auch nur jemand gegrüßt, der wohl hier noch vorbeikommen wird.

Bei diesem Anblick muss ich an meinen Michael denken, an sein viel zu kurzes Leben voller Leid.

Ich reiße einen Zettel von meinem Block und schreibe: Michael, mein Sohn, wie geht es Dir da oben? Bist Du jetzt glücklich? Wir sehen uns bestimmt bald wieder, Deine Mama.

Als ich diese Zeilen unter einen kleinen Stein vor dem Pilgerfenster des Klosters San Antón lege, ist mir Michael so nahe wie lange nicht mehr.

Ich blicke hinauf in das Himmelsgewölbe und möchte diesen Augenblick festhalten. Ihn noch ein klein wenig länger bei mir haben.

Gedenken an meinen verlorenen Sohn

Ich erinnere mich an unsere allerletzte Begegnung. Mama, ich bin's, rief er mir damals freudig entgegen, übersprang die Treppenstufen und war in Windeseile bei mir. Wir umarmten uns, und für Sekunden fühlte ich mich schwerelos. Er ist da! Ich kann ihn berühren! Mein Herz drohte vor Freude zu zerspringen. Nun saß er in meinem Sessel und ich dicht daneben. Ich wollte ihn gar nicht mehr loslassen.

Es war schon spät am Abend; ich kochte Tee, weil ich dachte, er braucht etwas zu trinken. Den Tee kühlte ich, indem ich ihn von einer Tasse in die andere gab, bis er kalt genug war. Dann gab ich Zucker dazu. Schließlich reichte ich ihm eine Tasse mit den Worten: Michael, jetzt kannst du ihn trinken. Unbewusst hatte ich damit ein Ritual aus seiner Kindheit wiederholt. Erst als mir das auffiel, nahm ich die völlige Stille wahr, die während dieser Handlung zwischen uns geherrscht hatte.

Michael, weißt du noch, wie es früher war, fragte Peter ihn. Denkst du noch an unsere Fußballspiele, an die Sommer am Baggersee und an unsere Urlaube? Damals glaubte ich, wir wären eine glückliche Familie.

Ja, Papa, das waren wir auch, und glaub mir, ich hab nichts vergessen. Ich kann mich noch an alles erinnern. Ihr seid nicht schuld, ich hatte eine schöne Kindheit. Aber, Papa, ich habe schon immer anders gedacht als ihr. Ich lebe auf der Straße, das ist meine Welt. Ich kann nicht anders.

Wie kann ein Mensch gerne auf der Straße leben wollen? Niemals im Leben werde ich das verstehen!

Vor wenigen Tagen erst war unser Sohn mal wieder aus

einer Therapie abgehauen, im Anschluss an eine Haftstrafe. Zwei Wochen später hätten wir ihn dort besuchen dürfen.

Mama, du kennst mich doch, sagte er, um sich zu verteidigen, diese Therapien halte ich nicht aus, da gehe ich lieber in den Knast. Und er brauchte Geld, das war ja nichts Neues. Er könne eine Wohnung mieten, aber ihm fehle das Geld für die Kaution und die erste Miete.

Nun war es an mir, ihm zu sagen, was ich ihm längst hätte schreiben müssen.

Michael, begann ich vorsichtig, wir können uns den Luxus, dir Geld zu geben, nicht mehr erlauben. Versteh das bitte, ich bin krank, sehr krank.

Nein, Mama, nicht du! Entsetzt sah er zu seinem Vater. Papa, ist das wahr?

Ja, Kind, schon lange.

Ein Weinkrampf schüttelte Michael. Er brauchte lange, um sich einigermaßen zu beruhigen.

Wenn ich gewusst hätte, dass du kommst, sagte Peter dann, hätte ich Geld von der Bank geholt. Aber hundert Mark habe ich noch, bitte nimm sie.

Immer noch sehe ich Michaels Hände diesen Schein falten, ganz klein, so klein, wie es nur eben geht, und wie er sich das Geld in die Hosentasche steckt, ganz tief nach unten. Hundertmal schon hatte ich diese Szene erlebt.

Stumm schauten wir auf unseren Sohn. Er weinte, schon wieder oder immer noch, ich weiß es nicht mehr. Plötzlich schreckte er auf und sagte, nun müsse er gehen. Eine letzte Umarmung, und Peter brachte ihn zur Haustür.

Michael ist schon fast unten an der Treppe, da kommt er noch einmal zu mir zurück. Ich sehe noch alles genau vor mir. Wie er sich mit der Faust die Tränen aus den Augen wischt und mich mit festem Blick ansieht, mir die Hand gibt.

Mach's gut, Mama, sagt er.

Du auch, mein Sohn.

Er ist nicht mehr wiedergekommen. Wo er sich aufhielt, wussten wir nicht. Ein halbes Jahr später war er tot. Sein Körper wollte nicht mehr. Genug Heroin, hatte er wohl gesagt und sich für immer diesem Gift verschlossen. Das ist jetzt fünf Jahre her.

Vertieft in meine Gedanken, gehe ich nur langsam weiter. Plötzlich höre ich eine Stimme hinter mir: Elke, siehst du mich nicht? Es ist Ulrike, die auf einem kleinen Mäuerchen sitzt. Ich war, ohne sie zu sehen, an ihr vorbeigegangen.

Ich habe dich schon beim Kloster überholt, aber du träumst wohl? Fragend schaut sie mich von der Seite an.

Da magst du wohl recht haben, antworte ich.

Wir gehen ein Stück des Weges gemeinsam. Oben auf dem Berg liegt Castrojeriz, ein schöner Anblick, aber ein steiler Weg. Über allem trohnt auf dem nächsthöheren Berg eine Burgruine. Ich komme nur mühsam vorwärts. Ulrike sagt: Ich muss schneller gehen, wir sehen uns ja gleich in der Herberge.

Es muss wohl noch andere gelbe Pfeile geben als die offizielle Beschilderung. Denn die Pfeile, denen ich folge, führen mich in eine private Herberge. Meinen Rucksack trägt der Herbergsvater mir eine schmale Treppe hinauf. In einem schönen Schlafsaal mit großen Fenstern und Sicht über das ganze Tal weist er mir ein unteres Bett zu.

Es ist ein großes, sehr verwinkeltes, aber auch sehr gemütliches Haus mit großem Aufenthaltsraum und einem Balkon zum Sonnen, einer kleinen Küche. Unten ist eine Waschküche mit vielen großen Becken zum Wäschewaschen. Von hier gelangt man in einen bemerkenswert gestalteten Garten mit vielen Wäscheleinen, sogar Wäscheklammern können wir uns nehmen. Im Garten steht auch ein langer Tisch mit vielen Stühlen. Ich nutze die Gunst der Stunde und lese unter einem Schattenbaum die Wegbeschreibung für den morgigen Tag.

Schon jetzt habe ich Angst vor dem nächsten Anstieg, den ich von hier aus schon sehen kann. In meinem Buch wird er als anderthalb Kilometer lang und sehr anstrengend beschrieben. Aber danach, versichert mir die Herbergsmutter, sei der Weg flach und eben und sehr gut zu gehen.

Dann beginnt wieder das übliche Ritual. Erst duschen, diesmal sogar mit richtig warmem Wasser. Frische Sachen anziehen und die getragene Wäsche waschen und aufhängen. Danach bleibt mir noch genügend Zeit, mir den Ort anzusehen. Etwas höher die Straße hinauf steht eine wehrhafte Kirche mit einem großzügigen Vorplatz und einer Bank vor der Tür. Die Tür ist sogar offen. Ich gehe hinein. Drinnen ist es kühl und streng. Die hohen schmucklosen Wände aus naturbelassenem Gestein bewahren den Charakter des Wehrhaften bis in unsere Zeit. Mich friert, und es zieht mich nach draußen zu der Bank, in die Wärme der späten Sonne.

In einer belebteren Straße hoffe ich ein Geschäft zu finden. Hier ist nun die andere Herberge. Ich sehe viele bekannte Gesichter, aber Ulrike treffe ich nicht. Sogar eine Telefonzelle steht hier, die meine Münzen nicht gleich wieder ausspuckt. Ich hatte noch nicht wieder anrufen können, immer waren die Telefone defekt. Jetzt ist Peter leider nicht zu Hause, und ich bin ein klein wenig traurig.

Dafür treffe ich zwei Pilgerinnen, die von Hotel zu Hotel wandern, während ihr Gepäck zu den jeweiligen Stationen transportiert wird. Wir sind uns auf dem Camino schon begegnet und haben auch gemeinsam gerastet. Nun sitzen wir drei auf einer Bank und tauschen die Erlebnisse des Tages aus. Ihr Hotel ist gegenüber meiner Herberge. So verabreden wir uns für den Abend zum Pilger-Menú.

In einem kleinen Geschäft kaufe ich Salami, etwas Käse, Bananen und Brot – und zu meiner eigenen Überraschung eine Flasche Vino tinto. Eine sehr freundliche Verkäuferin – sie sind nicht überall so nett! – entkorkt mir sogar die Flasche. Später werde ich einen Teil des Weins in eine Wasserflasche füllen, um ihn mit mir tragen zu können.

Von Castrojeriz nach
Boadilla del Camino

Tritt heraus in das Licht der Dinge.
Lass die Natur dein Lehrer sein.
William Wordsworth

Um halb sieben Uhr morgens werden wir mit gregorianischen Gesängen geweckt. Diesen sphärischen Klängen wohnt ein solcher Zauber inne, dass ich jedes Mal, wenn ich daran zurückdenke, sofort wieder in diese Herberge nach Castrojeriz möchte, nur um sie zu hören.

Im Ort selbst geht es erst einmal steil bergab und dann durch eine grüne Ebene mit vielen Wasserläufen und einem Kanal mit Schleuse. Die Lerchen erheben sich hoch hinauf, auch zahllose andere Vögel begrüßen singend den Morgen. Schon jetzt ist der Himmel wieder strahlend blau.

Jetzt, wo ich diesen steilen Aufstieg ständig vor Augen habe, denke ich zum ersten Mal, ich sollte umkehren und es lieber nicht versuchen. Mit jedem Schritt fällt das Gehen schwerer. Mir fehlt die Luft, ich muss mich nach vorne beugen, um wieder durchatmen zu können. *Buen Camino,* sagen die Vorübergehenden, *Buen Camino, Buen Camino,* und schon überholt mich der Nächste. In allen Sprachen werde ich gefragt, ob ich Hilfe brauche. *Non, merci,* antworte ich, *no, thank you, bien.* So viel Aufmerksamkeit hatte ich nicht erwartet. Auch wenn mir diese Frage schon beinahe peinlich ist, bin ich doch sehr berührt und dankbar. Letztendlich aber gehe ich allein und aufrecht meinen Weg und quäle mich aus eigener Kraft diesen Berg hinauf.

Der Aufstieg hat sich gelohnt, denn vor mir liegt ein breites, grünes Tal, von kleinen Bächen durchzogen. Ganz weit hinten am Horizont erheben sich hohe Berge, die mit Schnee bedeckt sind. Lange sitze ich auf einem Stein und betrachte dieses wunderschöne Fleckchen Erde. Was nützt mir die Mühe, denke ich, wenn ich mir nicht auch die Zeit nehme, innezuhalten.

Der Abstieg ist nicht ganz so mühsam. Über mir jubilieren die Lerchen, und kilometerweit zieht sich der Weg mitten durch das grüne Tal.

Ich gehe und denke an nichts. Manchmal erinnere ich mich auch an die Ereignisse meines Lebens. Und da geschieht etwas ganz Wunderbares: Ich kann den Schmerz loslassen. Es war ja nicht alles tragisch, ich hatte auch sehr, sehr viel Freude und Glück in meinem Leben. Ich bin immer geliebt worden. Das ist wirklich ein großes Glück! Und ich gehe und denke an nichts weiter als an diesen Weg, der vor mir liegt.

Unterwegs treffe ich Ulrike, die auf einer kleinen Anhöhe sitzt und mich schon von Weitem hat kommen sehen. Du brauchst aber lange, ich sitze hier schon eine Stunde. Wir gehen zusammen. In der Kirche San Nicolás, die jetzt eine besonders schöne Herberge ist, würde ich gern bleiben. Aber das wäre zu früh, wir sind erst auf der Hälfte des Weges. Ich fotografiere eine kleine Skulptur, die wohl den von Kindern umringten heiligen Nikolaus darstellt.

Auf einer altehrwürdigen Brücke überqueren wir wieder einen Fluss und erreichen die Provincia de Palencia. Bei dem Rastplatz und dem großen Grenzstein – der natürlich, wie könnte es anders sein, mit Jakobsmuscheln verziert ist – fotografieren wir uns gegenseitig.

In Boadilla del Camino ist Schluss für heute. Die private Herberge, sehr liebevoll hergerichtet, lässt uns die Strapazen des Tages vergessen. Hier ist alles, was das Pilgerherz begehrt. In den großen Duschräumen gibt es sogar Schüsseln für die Wäsche. Inmitten einer Wiese stehen auf großen Felssteinen zwei eiserne Peregrinos. Einer sieht, sich auf seinen Pilgerstock stützend, in die Ferne, der zweite sitzt auf einem Stein und beugt sich erschöpft über seinen wunden Fuß. Den Schuh hat er bereits ausgezogen. Natürlich fotografiere ich sie. Eine Postkarte mit dem gleichen Motiv kann ich auch kaufen, die schicke ich Peter.

Idylle mit Hindernissen: Der Storch steht auf dem Kirchturm, die Vögel zwitschern, aber die Telefonzelle im Ort ist defekt. Eine auffallende Säule mitten im Ort erweist sich als Pranger. Der kleine Lebensmittelladen ist geschlossen, und alles Warten nützt nichts, die Tür öffnet sich nicht. Als mir ein paar Frauen mit Brot in der Hand entgegenkommen, frage ich sie und gehe, so schnell ich kann, in die gezeigte Richtung. Das Brot wird tatsächlich aus einem Pkw heraus verkauft. Gerade wollte der Wagen fortfahren, als er mich noch im Rückspiegel entdeckt und wieder anhält. Habe ich ein Glück! Mit den Resten vom Vortag, dem Wein in meiner Wasserflasche und diesem knusprigen Weißbrot ist mein Abendessen gesichert. Als die anderen von ihrem Menú zurückkommen, das hier in der Herberge ausgegeben wird, schlafe ich schon.

Von Boadilla del Camino
nach Carrión de los Condes

Wohin du auch gehst, geh mit deinem ganzen Herzen.

Konfuzius

Morgens gehe ich noch mal um den Pranger herum, die sogenannte Gerichtssäule. Hier wurden die armen Sünder verurteilt und von ihren Mitmenschen gnadenlos verhöhnt und angespuckt oder sogar gesteinigt. Wie schnell und wie oft ist bei dieser öffentlichen Zurschaustellung wissentlich Unrecht gesprochen worden! Und von dieser grausamen Rechtsprechung trennen uns nur wenige Jahrhunderte. Aber ehe ich diesen Faden weiterspinne, wende ich mich meinem Pilgerweg zu. An halb verfallenen Lehmhäusern vorbei verlasse ich das Dorf. Obwohl, manche sind auch schon sehr gut renoviert und wieder bewohnt. Dann gehe ich an einem Kanal entlang. Dies ist einer der schönsten Abschnitte des bisherigen Weges. Viele Vögel singen, zwitschern und trillern in den Morgen, weit schallt das Lied der Nachtigallen. Gleich neben mir in den Sträuchern hüpfen sie von Ast zu Ast, ich kann sie von Nahem sehen, und sie fliegen nicht einmal weg. Aber die Rohrsänger im Schilf bleiben mir verborgen, so sehr ich auch nach ihnen horche und suche. Bachstelzen laufen über den Weg, und jubilierend steigen wieder die Lerchen in den Himmel hinauf. Nur nicht zu hoch, denn dort droben kreisen die Raubvögel.

Über die noch feuchten Wiesen stolzieren schon die Störche.

Ach, könnten doch alle Wege so sein wie dieser! Aber nach sechs Kilometern, die ich recht schnell gegangen bin, ist er zu Ende.

So früh werde ich wohl in Frómista kein geöffnetes Geschäft finden. Trotzdem sollte ich jetzt frühstücken, und so setze ich mich vor der Kirche auf eine Steinbank. Etwas Käse habe ich noch, das Brot von gestern und mein Wasser. Auf der anderen Straßenseite verlassen die beiden Hotel-Pilgerinnen ihr Hotel. Als ihr Gepäck in einem Auto verstaut ist, kommen sie kurz zu mir herüber. Ich würde auch gern Peter anrufen. Aber die Telefonzelle ist ständig von wartenden Pilgern umlagert. So gehe ich weiter, und auf einer Brücke über einen recht großen Fluss verlasse ich Frómista.

Ab jetzt verläuft der Camino parallel zu einer breiten Landstraße. Im Abstand von 500 Metern stehen große Steine, mit einer Muschel verziert und der Angabe der Kilometer bis Santiago. Es sind zu viele Steine, und ich schaue schon bald nicht mehr auf die Zahlen. Sie hätten lieber hin und wieder eine Bank aufstellen sollen.

Nur selten fährt mal ein Auto an mir vorbei, und in dem kleinen Ort, durch den ich gerade gehe, ist es auch ganz still. Irgendetwas ist doch heute anders! In Gedanken vergleiche ich die Stationen der Herbergen mit den Wochentagen – und tatsächlich, heute ist Sonntag. Umso dankbarer muss ich für das Brot sein, das ich gestern noch kaufen konnte.

Am Ortsausgang, wo der Fluss wie ein Wasserfall über

eine Schleuse rauscht, finde ich einen sehr schönen Rastplatz. Das ganze Land ist durchzogen von Flüssen und Bächen, und jedes Feld ist von kleinen Wasserläufen umrahmt. Sie sind Teil eines geschickt ausgearbeiteten, über Jahrhunderte erhaltenen Bewässerungssystems. Seit Frómista ist der Himmel bewölkt, es fallen sogar ein paar Regentropfen. In der angenehmen Kühle komme ich sehr gut voran.

Aber auch dieser Weg hat seine Schwierigkeit. Obwohl über viele Kilometer gleichmäßig eben und breit, ist er mit scharfkantigen Schottersteinen ausgelegt. Inzwischen bin ich schon zehn Kilometer auf diesen scharfen Steinen gegangen. Meine Füße sind durch Medikamente geschädigt und schmerzen sowieso immer. Aber jetzt habe ich den Eindruck, als seien die Fußsohlen geschwollen. Wer um alles in der Welt, frage ich mich, hatte die Idee, einen solchen Weg mit Schottersteinen abzudecken?

In Villalcázar de Sirga verlasse ich diesen steinigen Weg, um mir das ehemalige Kloster des Templerordens anzusehen. Vom 11. bis ins 13. Jahrhundert hinein beherrschte der Ritterorden der Templer weite Teile Spaniens und auch Südfrankreichs. Stumme Zeugen dieser einst kämpferischen Macht sind die festungsartig angelegten Klöster und Schlösser. Glaubt man der Überlieferung, so häuften die Templer in ihren Klöstern oder Burgen unablässig Kiste um Kiste von Gold und Edelsteinen an. Diese unermesslichen Schätze mauerten sie dann ein oder vergruben sie in Höhlen. Irgendwo soll dieser sagenumwobene Schatz verborgen sein. Es gibt Menschen, die noch immer danach suchen. Wer weiß, vielleicht wird er schon in allernächster Zukunft gefunden?

Wie dem auch sei, von diesem Kloster hier ist jedenfalls noch die Kirche Santa Maria la Blanca erhalten. Einmalig ist die Fassade unter einer großen Vorhalle, von wo in übereinander angeordneten Halbkreisen sehr gut erhaltene Skulpturen auf mich herabsehen. Der Stein ist wirklich weiß und macht dem Namen *la Blanca* alle Ehre. Ich beginne, die Figuren zu zählen. Bei 100 gebe ich auf; es sind mehr, viel mehr.

Inzwischen regnet es stärker. Unter einer Überdachung treffe ich die beiden Hotel-Pilgerinnen und setze mich zu ihnen. Auch ihnen schmerzen die Füße. Bis Carrión de los Condes sind es noch fünf Kilometer. Weiter auf diesem steinigen Weg. Die beiden wollen noch etwas ruhen und dann wieder gehen. Aber ich kann nicht mehr und weiß nicht, wie ich weiterkommen soll. Da sagt eine andere Pilgerin, die sich noch zu uns gesetzt hat: Ich gehe auch nicht mehr weiter. Die Herberge hier sei aber belegt, meint sie, und wir könnten uns doch ein Taxi nehmen. Ich willige freudig ein. So lerne ich Britta kennen, sie ist aus Kiel. Am besten, wir gehen in ein Gasthaus, klärt Britta mich auf. Sie müsse sowieso jetzt erst mal einen Kaffee trinken, derweil könne der Wirt uns das Taxi bestellen.

In Carrión de los Condes ist ein Volksfest und eine Landwirtschaftsmesse. Die ganze Bevölkerung scheint auf den Beinen. Aus allen Richtungen schallt laute Musik. Ich finde mich in dieser Unruhe überhaupt nicht zurecht und fühle mich, als käme ich von einem anderen Stern. Vergeblich suchen wir die gelben Pfeile, doch freundliche Spanier weisen uns den Weg.

Buen Camino, begrüßt uns der Pfarrer. Er empfängt jeden Pilger persönlich, trägt uns in sein Buch ein und stempelt die Pilgerpässe. In einem riesigen Schlafsaal finden wir zwei Betten, oben nebeneinander. Überall herrscht Gedränge, so viele Pilger auf einem Fleck habe ich noch nicht erlebt. Ich verzichte auf das Duschen. Dass ich meine Socken schon gewaschen habe, bereue ich gleich, denn die Wäsche wird in der ohnehin schon kleinen Küche getrocknet. Manche kochen sich Essen und ich mir einen Tee. Das erste Warme an diesem Tag! Gegessen habe ich außer dem Weißbrot nichts.

Immer noch kommen Pilger. Alle sind klatschnass, denn es gießt jetzt in Strömen. Das Wasser fließt in Bächen die Straße herunter. In der Küche sind inzwischen alle Stühle mit nassen Jacken, Pullovern und Hosen belegt, entsprechend viele nasse Stiefel stehen herum. Ein kleiner elektrischer Ofen, den der Pfarrer schnell reingestellt hat, wird dankbar angenommen. Die Neuankömmlinge gruppieren die Stühle mit der nassen Kleidung um den Ofen, und jeder will sich wenigstens einmal an dem heißen Luftzug wärmen.

Durch den Regen ist es in der Herberge so kalt und feucht geworden, dass ich verzweifelt überlege, wie ich meinen Schlafsack warm kriegen könnte. Gib doch einfach heißes Wasser in deine Wasserflaschen und nimm sie als Wärmflasche, rät mir eine junge Pilgerin. Dankbar für diesen guten Rat, lege ich eine heiße Flasche zu meinen Füßen in den Schlafsack und eine in die Mitte. Später wechsle ich das Wasser noch mal aus und bin warm genug. Einige Pilger sind sehr erkältet. Ich wünsche mir inständig, von diesem Virus heute Nacht verschont zu bleiben. In einem Bett gleich neben mir hustet eine junge Frau sehr stark. Sie hat bestimmt auch Fieber. Flüsternd unterhält sie sich mit ihrem Begleiter. Es sind Franzosen. Aber vielleicht können sie auch Englisch, sagt Britta und spricht mit ihnen. Medikamente haben sie keine. Nicht mal Hustensaft, obwohl die Frau bestimmt schon länger hustet. Britta will ihr Kamillentee kochen, aber sie haben keine Tasse. Also gebe ich ihnen meine. Morgen früh werde ich sie ganz gründlich auswaschen. Dann kommt die Frage nach einem Fieberthermometer. Das siehst du doch so schon, sage ich, die muss mindestens 39 haben, und meines kann ich nicht abgeben. Aber die Kranke tut mir leid. Ich frage mich, ob sie morgen weitergehen kann. So breche ich nun doch meinen Schwur, keine Tabletten von mir abzugeben, und gebe ihr drei Benuron zum Absenken des Fiebers. Zwei soll sie gleich nehmen und die dritte ein paar Stunden später. Damit sie wenigstens einigermaßen schlafen kann, bekommt sie auch noch eine halbe Schlaftablette. Mich jedoch bestätigt dieses Erlebnis in der Meinung, zu der ich schon bei meiner Reiseplanung gelangt bin: Jeder sollte auf einem solchen Weg ein Mindestmaß an Tabletten bei sich haben. Man sieht ja, was sonst passieren kann.

Etwa gegen drei Uhr in der Nacht werde ich wach und frage mich, ob jemand den kleinen elektrischen Heizofen abgestellt hat. Meine Sorge, er könnte immer noch an sein oder vielleicht sogar schon brennen, zwingt mich nach unten in die Küche. Und tatsächlich, er läuft noch. Welch ein Leichtsinn! Erbost über so viel Nachlässigkeit ziehe ich den Stecker raus.

Von Carrión de los Condes nach Sahagún

> Frohe Herzen öffnen sich leicht
> und verstehen einander.
> *Adolph Kolping*

Meine Fußsohlen sind wohl gestern wirklich zu sehr gequält worden: Sie schmerzen immer noch. Zudem weht ein kalter Wind, es regnet stark. Britta wollte heute sowieso eine längere Strecke mit dem Bus fahren. So fahren wir nun beide bis Sahagún.

Vor einem Gasthaus ist die Haltestelle. Die Fahrkarten verkauft der Wirt, doch der Bus fährt erst gegen Mittag. Wir frühstücken und lassen die Rucksäcke bis zu unserer Abfahrt in dem Gasthaus stehen. Ohne den Rummel vom Vortag zeigt sich Carrión de los Condes in seiner ganzen Schönheit. Wir gehen durch Gassen mit gepflegten Häusern und über den Fluss Cea zu dem Kloster Zoilo. Der Bus fährt über eine Ebene, die in ihrer gesamten Fläche mehr als 800 Meter über dem Meeresspiegel liegt, jedoch ohne eine nennenswerte Erhebung. Dürres getrocknetes Gestrüpp oder Gräser erstrecken sich in dieser schier endlos wirkenden Weite, nur unterbrochen hin und wieder von dem Gold eines Getreidefeldes oder gepflügter Erde. Viele Viehpfade, die *canadas*, ziehen sich naturbelassen wie breite Bänder durch die Ländereien Spaniens. Nicht selten bilden sie noch heute die kürzeste Verbindung zwischen zwei Orten. Von alters her wurde das Vieh auf ihnen von Nord nach Süd oder von Ost nach West getrieben und umgekehrt. Eine der wichtigsten dieser breiten, staubigen, noch heute auch von uns Pilgern benutzen Wegstrecken verläuft gerade hier: die *Canada Leonesa Oriental.* Von Andalusien kommt sie herauf und führt bis hoch in den Norden dieses Landes.

Britta meint, wir sollten uns zusammen ein Zimmer in einer Pension nehmen. Das mache sie öfters, und von dieser schrecklichen Herberge müsse sie sich sowieso erst mal erholen. Aber ich lehne ab, denn schließlich würde ich pilgern, und da gehörten die Herbergen nun mal dazu. Also sucht sie sich ein Zimmer, ich gehe zur Iglesia de la Trinidad. In diesem beeindruckenden historischen Gebäude werde ich heute Nacht schlafen. Ein eiserner Jacobeo mit Pilgerstab und Kalebasse steht vor der Kirchentür, als würde er seine rastenden Mitpilger bewachen.

Sahagún hat einen ganz eigenen, von den Mauren beeinflussten Baustil. Viele Kirchtürme aus rotem Backstein überragen die Stadt. Einige Kirchen werden renoviert. Andere sind schon leicht verfallen, und gerade das macht ihren Charme aus. Die Kirche San Lorenzo aus dem 13. Jahrhundert ist die größte. Leider sind die Türen geschlossen.

Bei dem großen mittelalterlichen Torbogen im Herzen von Sahagún treffe ich einen Bus aus Geldern. Die Reisegruppe ist unterwegs nach Portugal zu einem Kirchenfest. Einige von ihnen möchten sich die Kirche San Lorenzo ansehen, und da sie nur wenig Zeit haben, zeige ich den niederrheinischen Landsleuten den kürzesten Weg.

Inzwischen ist die Zeit der Siesta vorbei, die Geschäfte

sind wieder geöffnet, und ich kann etwas zu essen einkaufen. Wieder mal versuche ich, Peter zu erreichen, aber er scheint mehr im Tennisclub zu sein als zu Hause.

Für den Abend bin ich zum Essen mit Britta auf dem Marktplatz verabredet. Ich bestelle eine Tortilla mit Salat und bin begeistert von meinem bescheidenen, aber sehr guten Essen.

In der Herberge geht es noch ganz schön munter zu. Ein junges Paar kocht sogar noch Nudeln. Bei Hubert und Inge ist Platz am Tisch. Sie schenken mir ihren letzten Wein ein.

Ich habe noch eine Flasche und frage, ob ich sie holen soll.

Was für eine Frage, nun hol sie schon!

In unserer gemütlichen Runde vergessen wir die Zeit. Es ist schon nach zwölf, als wir endlich in unsere Schlafsäcke kriechen. Losgelöst von jedem Alltag, bietet uns diese Herberge eine ganz besondere Atmosphäre. Man sollte sie in seinen Pilgerweg unbedingt mit einplanen.

Von Sahagún nach El Burgo Ranero

> Kaffee im Morgenschein,
> beglückender Tag;
> zum Abend der Wein.
> *Gelesen in einem Café auf dem Camino*

Weil Britta sich mal wieder richtig ausschlafen will, sind wir erst für acht Uhr in einem Café verabredet. Als ich dort ankomme, bestellt sie gerade ihr Frühstück. Na, das kann ja noch dauern! Ich bin richtig verärgert. Du musst doch sicher auch noch frühstücken, sagt Britta und schiebt mir einen Stuhl hin. Aber ich will mich nicht setzen. Schließlich dachte ich, wir gingen gleich los. Stattdessen gehe ich nun rüber zur Telefonzelle. Jetzt wird Peter ja wohl zu Hause sein. Und er ist auch sofort am Telefon.

Hallo, Peter, ich bin's, mir geht's gut, sage ich in einem Atemzug.

Endlich rufst du an, wir haben uns schon solche Sorgen gemacht! Er wirkt sehr erleichtert.

Ich habe es so oft versucht, du warst nie zu Hause, verteidige ich mich. Und du machst dir unnötig Sorgen, Peter, ich habe dir doch gesagt, mir passiert nichts.

Aber du hast eine Woche nicht angerufen, und Andreas – unser Sohn –, hat auch gesagt: Ohne Handy hätte ich sie nicht gehen lassen.

Eine Woche bin ich schon unterwegs? Das kann nicht sein!

Doch, erwidert Peter, rechne mal nach, gestern ist schon deine erste Karte angekommen.

Dann ist er überrascht, weil ich schon so weit bin, und macht ein Kreuzchen in seiner Landkarte. Ich verspreche, bald wieder anzurufen. Glücklich kehre ich zu Britta zurück. Sie sagt: Dass du aber auch kein Handy hast!

Als wir nun endlich durch den Torbogen die Stadt hinter uns lassen und wieder auf einer dieser liebenswerten Steinbrücken den Fluss Cea überqueren, ist es schon neun Uhr. Das ist nun wirklich zu spät! Für kurze Zeit bin ich richtig schlecht gelaunt.

Wir entscheiden uns für die in meinem Buch vorgeschlagene alte Römerstraße: ein ebener Weg, nur hin und wieder steht mal ein Baum und spendet uns etwas Schatten. Die Landschaft ist sehr ausgetrocknet, aber dennoch reizvoll. Manchmal sehen wir auch noch die Reste der Bewässerungsanlage aus Ziegelsteinen, die noch aus der Römerzeit stammt.

Mit Britta zu pilgern ist wirklich nicht einfach. Zwar geht sie so langsam wie ich, aber alle paar Kilometer muss sie zudem noch rasten. So kommen wir kaum voran. Wieder sagt sie, ich muss den schweren Rucksack abnehmen, setzt sich ins Gras und hätte am liebsten ein Taxi. Als ob hier in der einsamen Landschaft ein Taxi vorbeikäme.

Dein Rucksack ist auch viel zu schwer, was schleppst du denn da alles mit dir rum?

Das, was ich brauche, sagt sie und zieht ein dickes Buch von Stephen King heraus.

Was willst du mit so einem schweren Buch auf dem Jakobsweg?

Lesen, und sie sucht ihre Seite.

Na, da musst du den Camino aber noch verlängern, denn bis jetzt hast du doch höchstens 100 Seiten gelesen.

Stimmt, ich komme ja nicht dazu.

Ihr Alter verrät sie mir nicht. Vielleicht ist sie ein paar Jahre jünger als ich, aber bestimmt auch um die 60.

Wie viele Kilometer wir gegangen sind und wie weit El Burgo Ranero noch entfernt ist, kann ich bei dieser Trödelei nicht mehr abschätzen. Nur eines ist sicher: Wenn wir so weitergehen, sind wir heute Abend noch nicht da. Doch plötzlich erscheinen abseits von unserem Weg ein paar Häuser.

Endlich Land in Sicht, sagt sie, da gehen wir jetzt hin.

Das ist die andere Richtung; wir machen einen Umweg! So langsam verzweifle ich.

Lass mich nur machen, ich hab noch immer ein Taxi gefunden. Forsch bahnt sie sich ihren Weg über ein Feld in Richtung der Landstraße zu den Häusern. Mir ist schon alles egal, ich tappe einfach hinterher.

Gleich das erste Haus rechts sieht wie ein Gartenlokal aus. Die Gartentür ist offen, auch die Haustür, aber es scheint niemand da zu sein. Stühle unter einem Schirm laden zum Sitzen ein. Ich packe mein Essen aus. Irgendwann erscheint eine junge Frau, entschuldigt sich, weil sie so lange weg gewesen sei, kocht den von Britta heiß ersehnten Kaffee und bestellt ein Taxi. Kurz darauf hält vor dem Haus ein privates Auto. Der Fahrer bringt uns nach El Burgo Ranero, wir zahlen fünf Euro und sind da.

Die Herberge, in alter Tradition aus Lehm und Fachwerk gebaut, hat einen gemütlichen Aufenthaltsraum und nur acht Betten in jedem Zimmer. In der geräumigen Küche steht sogar eine Waschmaschine. Wir beeilen uns mit dem Duschen, legen unsere Wäsche zusammen, und all das, was wir im Moment nicht anhaben, kommt in die Waschmaschine. Ich gebe Waschpulver dazu, und schon eine Stunde später flattert unsere Wäsche im Wind. Eine leise sphärische Musik schwebt durch alle Räume. Vom Herbergsvater und einem jungen Mann aus Deutschland werden wir liebevoll versorgt.

Pilger, die erst gegen Abend ankommen, schlafen auf den Bänken im Aufenthaltsraum und oben auf dem Fußboden im Flur. Zwei bereiten sich ihr Lager sogar auf dem Balkon.

Vor dem Schlafengehen mache ich noch einen Spaziergang durch den Ort. Ohne den Kirchturm – wie immer mit Storchennest – hätte ich die kleine, bescheidene Kirche gar nicht als solche erkannt. Geduckt steht sie zwischen den Häusern. Sie sollte unbedingt renoviert werden. Es wäre sehr bedauerlich, wenn dieses Kleinod aus Backstein noch ganz verfallen würde.

Ich aber hätte in der Herberge bleiben sollen, denn ich bin so furchtbar schlapp. Jetzt spüre ich in der Lunge bereits den Husten. Vielleicht brüte ich nun diese Grippeviren aus. Ausgerechnet Hustensaft habe ich von zu Hause nicht mitgenommen, und in El Burgo Ranero gibt es leider auch keine Apotheke. Aber schon nach einer Benuron-Tablette ist die Temperatur wieder normal: Ich muss mir keine weiteren Sorgen machen.

Von El Burgo Ranero nach León

In der Kathedrale zu León
ruhte ich, müde vom Pilgern.
Einem Blumengarten gleich,
leuchtend bunte Fenster, so hoch,
als wollten sie den Himmel berühren.
Und mir ward hell und licht.
Aus dem Pilgerbuch der Herberge

Eigentlich wäre ich von El Burgo Ranero bis Mansillas de las Mulas gegangen. Mein Plan sah vor, ab da nach León mit dem Bus zu fahren. Das schlägt auch mein Pilgerbuch vor, um nicht mit den vielen Schnellstraßen und Autobahnen vor León konfrontiert zu sein. Aber da ich mit meinen Kräften haushalten muss und kein Risiko eingehen darf, schließe ich mich Britta an, die sowieso bis León mit dem Bus gefahren wäre.

Auf dem Weg vom Busbahnhof ins Stadtzentrum von León überqueren wir wieder einen breiten Fluss, den Bernesga. Auf unserem Weg liegt auch das ehemalige Kloster San Marco, das heute ein Luxushotel beherbergt. Später mündet diese Straße in eine breite Fußgängerzone, die uns direkt bis zur Kathedrale führt.

Sie übertrifft alle Erwartungen. Keine gelesene Beschreibung kann ihr gerecht werden. Man muss davorstehen und hineingehen. Durch viele hohe, bunte Bleiglasfenster flutet

Licht in die Kathedrale. Der strahlende Sonnenschein erleuchtet all diese wundervollen Farben, heute wohl noch intensiver als an anderen Tagen. In der Schönheit dieses Raumes kristallisiert der Augenblick zu einer stillen Ewigkeit, und wie so oft auf dem Camino – meist in der freien Natur – entrückt sich mir die Zeit und wandelt sich in Unendlichkeit. Dann aber treffen wir andere Pilger und gehen gemeinsam hinaus.

Britta will sich wieder ein Zimmer nehmen und zwei Tage bleiben. So trennen wir uns. Ich gehe zur Herberge und habe Mühe, mich in den schmalen Gassen mit ihren alten und oft auch recht baufälligen Häusern zurechtzufinden. Sie sehen alle so gleich aus, es gibt keinen markanten Punkt, zudem ist die Kennzeichnung sehr schlecht. Doch plötzlich gelange ich auf einen Marktplatz, den prächtige Häuser und Arkaden umrahmen.

Das ist der erste Markt, den ich auf dem Camino sehe. Weil ich gern über Märkte gehe, bleibe ich noch etwas, stille meine Neugier und schaue den Menschen zu. Die spanischen Märkte sind ja viel lebhafter und bunter als die unsrigen. Hier wird gefeilscht und gehandelt, und es gibt beinahe alles für den täglichen Bedarf zu kaufen.

Ich bewundere eine ältere Dame, die in aller Öffentlichkeit mit einem Händler an einem Wäschestand über die Qualität von Büstenhaltern diskutiert. An einem Käsestand warten die Menschen geduldig in langer Reihe. Vielleicht ist der Käse dort preiswerter als woanders? Ich stelle mich dazu. Dann steigt mir der Duft von Oliven in die Nase. Prompt meldet sich mein Magen. Welche nehme ich denn, frage ich mich bei diesem großen Angebot unterschiedlichster Sorten. Sie werden aus großen Schüsseln in kleine Behältnisse geschöpft und sehen alle gut aus. Ich entscheide mich für grüne, eingelegt mit Käse. Mit dem frischen Brot, auch hier vom Markt, schmecken die Oliven ganz besonders gut. Sie bieten auch mal eine Abwechslung in meinem inzwischen sehr eintönig gewordenen Speiseplan aus Brot, Fisch und Salami.

In einer historischen Apotheke – 15. oder 16. Jahrhundert, steht irgendwo – kaufe ich mir auch noch den benötigten Hustensaft.

Frisch gestärkt finde ich nun endlich auch den Eingang zur Herberge. Dabei stelle ich fest, dass ich schon einmal um diesen ganzen Komplex herumgegangen bin. Es handelt sich wohl um ein ehemaliges Kloster oder eine Klosterschule. Einige Nonnen leben noch dort. Nach einem freundlichen Empfang mit dem üblichen Eintrag ins Pilgerbuch erreiche ich über eine Treppe die Schlafräume. Es gibt großzügige und sehr saubere Duschen, warmes Wasser, eine Waschmaschine und eine Küche, in der morgens ein Frühstück ausgegeben wird. Männer und Frauen schlafen hier getrennt, was mir sehr angenehm ist. In dem großen Innenhof stehen Bänke und Wäscheständer, wo ich meine Wäsche gleich mit dazuhänge.

So ein Innenhof kann sehr gemütlich sein. Wir, die wir müde vom Pilgern sind, schieben die Bänke zusammen und lassen es uns gut gehen. Inzwischen sind mir ja schon viele *peregrinos* bekannt, aber einige beginnen den Camino auch erst hier. Wie das unter Pilgern so üblich ist, kommen wir alle miteinander leicht ins Gespräch.

Wir reden über das, was vor uns liegt oder auch gerade

hinter uns. Angesichts der Frage, wie man sich auf dem langen Weg bei Kräften hält, ist die Gesundheit immer wieder ein Thema. Nur selten erfahre ich, ob jemand verheiratet ist oder Kinder hat oder welcher Religion er angehört. Ich glaube, diese Informationen sind in unserer Zeit des Pilgerns einfach bedeutungslos. Wichtig bleibt der Mensch. Nur er allein. Was uns verbindet, ist das gemeinsame Ziel. Und der Wunsch, ein jeder möge ankommen. Wohl deshalb werden auch die Beweggründe, sich auf den Weg zu machen, nur sehr selten konkretisiert.

Ich hätte auch keine so richtig plausible Erklärung für mein Pilgern. Allerdings suche ich auch nicht nach einer Antwort. Der Wunsch, zu pilgern, bleibt eben im Unbewussten und ist, wie ich finde, dort auch sehr gut aufgehoben. Dennoch kann man den Akt des Pilgerns als Symbol für die menschliche Existenz sehen: Sind wir Menschen auf Erden nicht alle Pilger? Müssen wir uns nicht tagtäglich aufs Neue bemühen, um unser Ziel zu erreichen?

Mit einer jungen Französin verstehe ich mich sehr gut. Sie wohnt an der Grenze zu Deutschland und spricht auch meine Sprache. Die Ärmste hat leider sehr starke Schmerzen in einem Fuß. Das könnte irgendetwas an einem Knochen sein, vermute ich und rate ihr dringend, einen Arzt aufzusuchen. Aber sie will es morgen noch einmal probieren, obwohl sie kaum auftreten kann. Ihre Freundin könnte ihr ja etwas aus dem Rucksack abnehmen, meint sie. Sowieso sind fast alle Rucksäcke viel zu schwer bepackt. Schließlich soll man nur zehn Prozent seines Eigengewichts tragen. Auf Dauer wäre sogar das schon zu viel. Denn die täglichen Lebensmittel und vor allem das Wasser wiegen noch zusätzlich. Entsprechend gering muss das Gepäck sein, das man über die gesamte Länge des Weges zu tragen hat. Die junge Frau aus Frankreich jedoch ist ein richtiges Leichtgewicht und dürfte höchstens fünf Kilogramm im Rucksack haben. Stattdessen ist er sogar noch schwerer als meiner. Fast alle Pilger sind inzwischen auch schon etwa 20 Tage unterwegs. Unter dieser andauernden Belastung kann es schon passieren, dass der Körper nicht mehr ganz so gesund ist. Ich habe mit meiner kleinen Erkältung ja noch mal Glück gehabt. Auch der Hustensaft, den ich mir jetzt gekauft habe, tut mir gut.

Aber gestern hatte ich noch mit dem englischen Ehepaar Mary und John in El Burgo Ranero auf der Bank in der Abendsonne gesessen, und heute ist John mit Herzbeschwerden hier in León in ein Krankenhaus eingeliefert worden. Mary sorgt sich natürlich sehr. Sie holt gerade die Sachen ab und wird in ein Hotel in der Nähe des Krankenhauses ziehen.

Das kanadische Paar kenne ich nun auch schon von einigen Herbergen. Seit gestern liegt auch die Ehefrau hier mit einem Infarkt auf der Intensivstation. Es geht ihr gar nicht gut. Der Ehemann ist sehr verzweifelt und weint, als er uns erzählt, in welchem Zustand er sie heute angetroffen hat. Bedauernd hören wir ihm zu. Die Französin meint, vielleicht könnte er sogar hierbleiben. Sie fragt auch gleich eine Nonne, die gerade über den Hof kommt. Diese Nonne beschließt dann auch, dass der Ehemann so lange in der Herberge wohnen kann, bis die Frau entlassen und transportfähig ist. Das ist durchaus nicht üblich, normalerweise muss man am nächsten Tag die Herberge verlassen.

Diese beiden Kanadier sind so nette und aufrichtige Menschen. Sie haben schon ganz Europa bereist, kennen auch viele Gegenden in Deutschland und Frankreich. Von Italien waren sie besonders begeistert; es war so schön, ihnen zuzuhören. Nun sollte dieser Pilgerweg die Krönung all ihrer Reisen werden. Meine Genesungswünsche kommen aus tiefstem Herzen.

Bei dem Wort Kanada horche ich immer auf; das ist für mich so eine ganz besondere Sache. Wenn mir beim Herumstöbern in einer Buchhandlung das Buch eines kanadischen Autors in die Hände fällt, dann kaufe ich es. Weil ich so gern alles wissen möchte über das Land und vor allem über die dortige Art zu leben. Das ist mir sehr wichtig. Mit jedem Buch hoffe ich auch etwas mehr über das Leben meines Vaters zu erfahren, den ich nie kennenlernen durfte. Anfang der Fünfzigerjahre war er mit seiner Familie nach Kanada ausgewandert. Ich denke auch oft an seine beiden Kinder und frage mich, ob es ihnen schwergefallen ist, ihre Heimat und ihre Freunde zu verlassen, und ob sie sich in diesem fremden Land mit der anderen Sprache gut einleben konnten.

Von dem Kanadier, jetzt hier in León, weiß ich nicht einmal den Namen. Trotzdem geht mir jetzt beim Schreiben die Idee durch den Kopf, er könnte durch einen verrückten Zufall mein Bruder sein. Das Alter wäre passend. Er spricht auch Deutsch. Ich habe ihn sogar einmal gefragt, ob seine Eltern aus Deutschland seien. Ich glaube mich zu erinnern, dass er erst etwas zögerte, aber dann meine Frage umging, indem er das Thema wechselte. Doch wie dem auch sei: Das Ganze bleibt Spekulation, noch dazu eine sehr unwahrscheinliche. Fest steht: Ich habe auf dem Jakobsweg einen sehr sympathischen Kanadier mit seiner Frau getroffen, nicht mehr und nicht weniger. Ich wünsche mir sehr, dass sie jetzt, wo ich dies schreibe, beide zusammen wieder gesund und munter in ihrer Heimat, in Kanada sind.

Später gehe ich mit einer jungen Schweizerin noch einmal ins Zentrum. Sie ist um die 30, heißt Karin und beginnt ihren Camino erst hier. Ich zeige ihr sozusagen den Weg, den ich selbst nicht genau kenne. Tatsächlich habe ich dann auch wieder Schwierigkeiten, zurückzufinden. Wir trennen uns vor der Kathedrale, weil ich meine, ein jeder sollte in seiner Andacht einzig für sich sein.

Dann stehe ich wieder im Licht dieser sonnendurchfluteten Fenster. Ich kann mich lange nicht lösen von dieser einzigartigen Schönheit. Das Wort »friedvoll« fällt mir ein. Ja, hier finden die Menschen Frieden.

Draußen auf dem Platz treffe ich zwei Spanierinnen, die ich schon kenne. Sie sind Schwestern, da bin ich mir ganz sicher. Wie immer, wenn wir uns begegnen, sagen wir *Buen Camino a Santiago* und berühren uns an der Schulter. In der Nähe spielt ein Mann Klarinette. Es hört sich wunderbar an.

Gleich hinter der Kathedrale entdecke ich eine Stadtmauer und bin überrascht, weil sie so sehr hoch und gut erhalten ist. Außerhalb kann man bequem an ihr entlanggehen; dabei passiert man immer wieder dicke runde Türme aus der Zeit vor dem elften Jahrhundert. Eckige kamen erst in späterer Zeit auf, als die Kanonenkugeln erfunden waren und ein runder Turm unter Beschuss zu schnell in sich zusammengefallen wäre.

Für das Abendessen kaufe ich mir leckeren spanischen Schinken, frisches Weißbrot und eine Flasche Rotwein. Dann füllen wir die Gläser, zuerst mal mit meinem Wein.

Karin, die junge Schweizerin, ist so voller Tatendrang, dass sie am liebsten jetzt gleich losgehen würde. Sie trägt Gegenstände mit sich, die in Santiago gesegnet werden sollen. Gut vorbereitet hat sie sich auch: Sie kennt alle Orte und auch die Zeiten von Pilgermessen, die unterwegs gelesen werden. Und an jeder dieser Messen will sie auch teilnehmen.

Das kommt mir schon etwas sonderbar vor. Sie kann ja unmöglich wissen, ob sie um 12 hier und um 17 Uhr schon wieder an einem anderen Ort sein kann. Diesem Stress kann man sich doch gar nicht aussetzen! Unter diesen Bedingungen plant sie auch viel zu viele Kilometer für jeden Tag.

Mein Gedanke des Pilgerns ist wohl ein anderer. Wenn eine Kirche offen ist, gehe ich hinein, ist sie verschlossen, gehe ich weiter.

Mal langsam, sagen auch die anderen, du kannst nicht 30 oder 40 Kilometer an einem Tag gehen und dann auch noch pünktlich bei den Messen sein. Das sei sie gewohnt, erwidert sie, sie mache viele Hüttenwanderungen. Obwohl dem ja nun nichts mehr hinzuzufügen ist, rate ich ihr dennoch, die ersten Kilometer mit dem Bus zu fahren. Dann könne sie sich noch etwas schonen und wenigstens die stark befahrenen Straßen und Autobahnzubringer, an denen der Pilgerweg entlangführt, erst mal hinter sich lassen. Schließlich hätten wir noch 300 Kilometer vor uns, und gehen könne sie immer noch genug.

Von León nach Hospital de Órbigo

Das Glück müssen wir dankbar annehmen
und genießen – aber nie fordern.
Wilhelm von Humboldt

In der Frühe entdecke ich auf dem Busbahnhof sogar ein heiles Telefon. Es war ganz einfach, denn vor mir hatte ein Spanier alle Telefone ausprobiert. Ich benutze dann dasselbe wie er und kann Peter einen fröhlichen guten Morgen wünschen.

In letzter Minute ist Karin nun doch noch plötzlich da, mit einer zweiten *peregrina*. Im Bus sitzen sie vor mir. Aber nach nur wenigen Haltestellen steigen sie auch schon wieder aus. Viel zu früh, wie ich finde, denn diese lästigen Autobahnauffahrten, die so schwer zu überqueren sind, liegen noch immer vor uns. Ich fahre noch bis Villadangos del Páramo, von dort sind es noch zwölf Kilometer bis Hospital de Órbigo. Zwar verläuft der Camino im Wesentlichen entlang einer Straße. Sie ist allerdings nicht sehr befahren, und so lässt es sich gut gehen.

Dann endlich habe ich sie erreicht, diese Brücke, von der ich mir immer vorgestellt habe, wie es wohl sein wird, wenn ich als *peregrina* über sie hinweggehe. Bereits von den Römern erbaut, spannt sie sich mit 18 weiten Bogen über das Flussbett des Órbigo, so schmal, dass sie vielleicht gerade mal einem Eselskarren genug Platz bietet.

Brücken haben eine ganz eigenartige, aber dennoch auch sehr verbindende Magie, finde ich. Schließlich eröffnet mir eine Brücke den Weg zur anderen Seite eines Flusses, wo mir die Menschen für immer fremd blieben, wenn mich nicht die Brücke zu ihnen führte. Gerade hier auf dem Camino gibt es sehr schöne und auch sehr alte Brücken mit ihrer ureigenen Geschichte. Viele wurden im Mittelalter von Herrschern, reichen Kaufleuten oder sonstigen honorigen Personen nicht zuletzt für die Pilger erbaut, um das gefahrvolle Überqueren der Flüsse mit Booten zu mindern. Schließlich brachten zu allen Zeiten die Pilger schon sehr viel Geld ins Land, und mancher Ort auf dem Camino verdankt seine Entstehung einzig dieser Pilgerschaft. So war es eine Notwendigkeit, die Flüsse passierbar zu halten. Auch und gerade in Zeiten der Schneeschmelze oder starker Strömung bei Hochwasser.

Die Herberge ist noch geschlossen. Als ich nur eben schnell meinen Rucksack vor die Tür stellen will, öffnet von innen der Pfarrer die Tür für mich. Ich erschrecke richtig, weil ich nicht damit gerechnet habe, aber er lässt mich gleich herein.

Diese Herberge wird als wunderschön beschrieben und ist gerade erst von Freiwilligen des Christophorus-Jugendwerkes aus dem Schwarzwald renoviert worden. Als Erstes fällt die schöne Wandmalerei auf: Hoch oben auf einem Berg tritt aus dichtem Grün ein Pilger heraus, der den Weg nach unten gehen wird, bis hinunter zum Fluss. Dieser entspringt dem Berg, fließt unter einem Brückchen hindurch und mündet in einen Brunnen. Wer auch immer dieses Kunstwerk erschaffen haben mag – es muss ihm oder ihnen sehr viel Freude bereitet haben.

Unter einer Überdachung stehen große Tische mit Bänken und Stühlen. Auch sonst stehen Bänke an den Wänden – es ist richtig gemütlich hier. Durch ein weiteres Tor gelangt man nach hinten auf die Terrasse mit einem Brunnen und noch mehr Sitzgelegenheiten. Hier ist auch ein großes Becken zum Wäschewaschen, und schon bald flattert meine Wäsche in dem Garten auf der Leine. Alle Türen und Fenster sind hellblau gestrichen. Da es mehrere kleine Schlafräume gibt, sind es relativ viele Türen.

Außer mir ist niemand da: Der Pfarrer ist gegangen, und der Herbergsvater kommt erst um 14 Uhr. Ich kann also in Ruhe duschen und ohne Gedränge meine Wäsche waschen. Dann koche ich mir Tee und genieße mein Essen. Später teilt mir der Herbergsvater, er ist Holländer, ein Bett zu.

Meine Kammer teile ich mir mit drei Holländern, eine Frau und zwei Männer. Vorsichtig geschätzt, sind sie sicherlich um die 70. Ursprünglich seien sie zu fünft gewesen, aber einer von ihnen sei unterwegs erkrankt und die zweite Person sei mit zurückgefahren. Sie wandern sehr viel, sagen sie, und sind auch schon den Europaweg gegangen: von Holland durch Deutschland und über die Alpen bis nach Italien. Heute kommen sie von León und zeigen mir eine Karte mit einem neuen Pilgerweg, der das gesamte Straßennetz im wahrsten Sinne des Wortes links liegen lässt. Ich staune nur und wage nicht zu fragen, wie viele Kilometer dieser Rundweg hat und wie viel sie heute insgesamt gegangen sind.

Mit dem Wetter habe ich wirklich Glück! Bei schönstem Sonnenschein zieht es mich wieder zu dieser Brücke. Ich gehe noch einmal auf ihr entlang und dann unter ihr hindurch ans Flussufer. Im Schatten der Bäume beobachte ich Eltern mit ihren Kindern, Jungen, die Fußball spielen, und Väter, die angeln. Ich begegne auch einem Schäfer mit einer recht großen Herde und Hunden, die für Ordnung sorgen, wie man sich das von einer Schafherde wie aus dem Bilderbuch eben vorstellt. Es ist ein wunderschöner Nachmittag. Manchmal kann ich mein Glück gar nicht fassen. Bei einem gemütlichen Abendessen mit frischem Brot, Käse und Wein geht dieser Tag zu Ende.

Von Hospital de Órbigo nach Astorga

O weltentrücktes Wandern durch den Morgen!
Wo liegt die Schwere nun, die mich bedrückte?
Fridolin Hofer

Allein zu pilgern ist doch am schönsten. In der Frühe des Morgens, es ist noch nicht einmal sechs, gehe ich an plätschernden Bächen vorbei und wieder durch einen kleinen Ort. Und obwohl ich nur langsam gehe, erhalte ich doch immer wieder eine andere Sicht der Umgebung. Bei Sonnenaufgang zaubert die Sonne zuerst lange Schatten. Sehr oft geht mein eigener Schatten mir voraus. Doch mit der Sonne wandert auch mein Schatten, bis er später hinter mir ist. Und ich verspüre einen inneren Frieden, wie ich ihn schon lange nicht mehr erlebt habe.

Während des Pilgerns gelangt sicherlich jeder Mensch zu einer ganz individuellen Erkenntnis, da ja auch unsere Lebensformen sich voneinander unterscheiden. Ich empfinde die Entschleunigung meines Körpers, meines Sehens und auch meiner Gedanken ebenso wie die Ruhe meiner Umwelt, die ich sonst als hektisch und bedrückend erlebe, als ein Geschenk des Himmels. Die Beschränkung auf ein Minimum aller Bedürfnisse lässt mich voller Demut die Natur als Schöpfung erkennen.

Es ist komisch, ich gehe und sehe und bin trotzdem in dieser Zeit ganz woanders, hat Ulrike zu mir gesagt, als wir gemeinsam über die Hochebene, die Meseta, unseren Weg gegangen sind. Ganz ähnlich empfinde ich auch.

Mit Peter zu pilgern, wäre allerdings schon sehr schön. Wir könnten in Eintracht schweigen, und er würde mir bei kniffligen Wegen helfen. Normalerweise bin ich immer mit Peter zusammen; wir sind jetzt schon über 40 Jahre verheiratet.

Doch eine so lange Pilgerreise kam für ihn nicht infrage. Einen Tag wandern sei ja noch in Ordnung, meinte er, aber keinesfalls wolle er mit einem schweren Rucksack tagelang unterwegs sein. Dafür sei ihm die Bundeswehr noch in zu unangenehmer Erinnerung. Und vor allem sei ihm das Schlafen mit so vielen Menschen in einem Raum unmöglich.

Ich nehme es ihm nicht übel. Ohnehin hatte ich mir immer vorgestellt, diesen Weg allein gehen zu müssen.

Als wäre ich bei uns in der Heide, kommen nun sandige Wege. Nur den vielen gelben Ginster haben wir nicht. Und in den windgeschützten Tälern blühen die Obstbäume.

Aber jeder Weg hat seine Tücken: Das Auf und Ab über die kleinen Hügel ist in dem rutschenden Sand nicht gerade angenehm. Waldwege aus festgetretener Erde wie bei uns gibt es hier wohl nicht.

Doch dann lasse ich Heide und Ginster hinter mir und wandere durch einen verwilderten Zauberwald aus alten, bemoosten Krüppeleichen. Fehlt nur noch der Prinz mit seinem Schimmel, der Dornröschen mit sich führt.

Heute überholen mich nur zwei *peregrinas*. Es sind wieder die beiden Spanierinnen. Wir halten kurz Rast. Die anderen Pilger sind wohl über die Landstraße gegangen. Das ist der bequemere Weg, aber längst nicht so schön.

Dann endlich, auf der letzten Anhöhe vor Astorga, komme ich an das große weiße Kreuz von Santo Toribio, das ich schon seit geraumer Zeit in der Ferne gesehen habe. Es ist gewaltig und ergreifend zugleich. Jeder macht jedem Platz, damit ein jeder das Kreuz allein in seiner ganzen symbolischen Klarheit, ohne störendes Beiwerk, fotografieren kann. Mein Foto zeigt das riesige steinerne Kreuz vor dem wolkenlosen Himmel mit den Häusern von Astorga im Hintergrund. Den Horizont bildet eine hohe Gebirgskette. Wenn ich ganz genau hinschaue, sehe ich das Weiß von Schnee.

Am Ende eines Tages ist der Weg immer am schwersten. Schon hoffte ich, heute keinen Berg mehr gehen zu müssen, aber in die Stadt geht es wieder steil bergauf. Oben im Zentrum von Astorga ist eine private Unterkunft, die sehr schön sein soll. Dort will ich hin.

Wieder einmal erschöpft bis ans Ende meiner Kräfte, betrete ich das Haus durch eine große, antik eingerichtete Halle. Der *hospitalero* trägt meinen Rucksack hinauf. Ich wähle ein Bett ganz hinten unter der Schräge. Es liegt also niemand über mir. Hier gibt es viele, sehr saubere Waschbecken und Duschen mit einem langen Balkon davor. Sogar Schüsseln für die Wäsche sind da. Durch die Hintertür gelangt man in einen Innenhof mit Sitzgruppen, Waschmaschinen und Leinen. Ein Brunnen plätschert leise. Unter einem Sonnenschirm ruhe ich mich erst mal aus.

Wieder einmal stelle ich fest: Das Wohlbefinden eines Pilgers ist sicher auch zu einem großen Teil abhängig von der Beschaffenheit der Unterkünfte. Diese Herberge ist dafür eines der positivsten Beispiele.

Pilger zu treffen, die ich schon gesehen und gesprochen habe, ist immer wieder eine Freude. Umarmungen und Küsschen, wie geht es dir, wie war der Weg, immer wieder in allen Sprachen.

Die junge Französin geht jetzt mit zwei Gehstützen, sie gibt auf und fährt morgen zurück. Mit dem kranken Fuß, dem Rucksack und den Gehstützen zu reisen, wird nicht einfach sein. Ihre Freundin hat noch nicht mal Blasen an den Füßen und geht weiter.

Karin, die alle Pilgermessen erreichen wollte, hatte sich schon an ihrem ersten Tag viel zu viel zugemutet. Beide Kniegelenke waren so sehr geschwollen, dass sie nicht mehr weiterkonnte. Morgen früh fliegt auch sie schon wieder nach Hause.

Jeder, der seine Pilgerreise abbrechen muss, hat das Mitgefühl all derer, die noch weitergehen können. Allen sagen wir *Buen Camino,* bis zum nächsten Jahr.

Bis zur Kathedrale ist es nicht weit. Nur ein kleines Stückchen durch die Gasse nach rechts, und schon bin ich da. Es kommt mir vor, als formiere sich extra für mich gerade eine Tanzgruppe auf dem Vorplatz. In lange Gewänder gehüllt, bieten sie uns zu den verhaltenen Klängen von Saiteninstrumenten einen mittelalterlichen Tanz. Die Kathedrale ist außen reich geschmückt, mit verzierten Türmen und Türmchen auf allen Zinnen. Das Portal mit seinen aufwendigen Ornamenten und den zahllosen Figuren sucht sicher seinesgleichen. In der Magie des Augenblicks stehe ich staunend davor.

Als ich dann eintrete, erscheint mir das Innere im ersten Moment sehr dunkel. Doch gleich fallen mir die vielen hohen, schmalen Fenster auf, durch die das Licht wie in einem gebündelten Strahl die Skulpturen und Säulen erhellt. Strahl um Strahl kreuzt sich mit dem Lichteinfall anderer Fenster. So bilden sich Muster aus Licht von tief ergreifender Schönheit.

An den Wänden prangt viel Gold, doch ganz oben, mitten in all der goldenen Pracht, entdecke ich eine ganz normale, nackte Puppe mit schon reichlich verfilztem Haar. Die unerwartete Bescheidenheit im Kontrast zu den vergoldeten Wänden berührt mich, deshalb fotografiere ich die Puppe.

Der Bischofspalast von Gaudí neben der Kathedrale ähnelt eher einem Märchenschloss. Hierher könnten sie geritten sein, der Prinz und sein Dornröschen. Und sie lebten hier bis an das Ende ihrer Tage ...

Auch ich habe mein Leben noch einmal geschenkt bekommen. Und nach Jahren des Leidens stehe ich nun hier und will alles erfahren und erleben, will diese begnadete Lebensphase mit all meinen Möglichkeiten nutzen.

Ich bin tief in diese Gedanken und Tagträume versunken, da höre ich plötzlich, wie jemand mit freudiger Stimme meinen Namen ruft. Einen Wimpernschlag lang denke ich, meine Mutter ruft mich.

Elke, schallt es wieder über den Platz. Suchend blicke ich mich um und erkenne Britta, noch ein gutes Stück entfernt von mir. Sie versucht sogar zu laufen.

Bin ich froh, dass du da bist, sagt sie, noch ganz außer Atem. Sie freut sich wirklich, denn sie weiß nicht, wo sie heute schlafen soll. In der öffentlichen Herberge und auch in den Hotels sind keine Betten mehr frei. Also nehme ich sie mit in meine Unterkunft.

Ich muss unbedingt noch Brot kaufen. Aber bisher habe ich kein Geschäft gesehen, also mache ich mich auf den Weg, um eines zu suchen. Zu meinem Glück treffe ich recht bald die beiden spanischen Schwestern. Sie beschreiben mir den Weg zu einer Bäckerei, die geöffnet ist. Das ist nicht selbstverständlich, denn sie sagen, heute sei hier ein hoher Feiertag. Deshalb kaufen wohl alle vor mir einen mit Puderzucker und Mandeln verzierten Kuchen. Ich nehme einen und gleich noch einen zweiten für Britta. Dieser Kuchen duftet so süß nach Mandeln! Für uns, die wir sonst nur Brot essen, ist er eine richtige Delikatesse.

Unterwegs ist mir ein Hotel aufgefallen. Die Speisekarte hat mich überzeugt, deshalb gehen wir heute Abend dorthin essen. Wir sind zu früh und nehmen in der Bar einen Aperitif. Jugendstil, viel Plüsch, geschnitztes Holz an den Wänden und der Decke; elegant gekleidete Damen und Herren befinden sich in lebhafter Unterhaltung. Später wird uns in dem ebenso ausgestatteten Speiseraum ein großer runder Tisch zugewiesen; formvollendet rückt der Kellner uns die Stühle zurecht. Für einen ansonsten bescheidenen Pilger erscheint mir das fast etwas zu viel Service. Ich bestelle mir eine Suppe und Wein. Als die Rechnung kommt, stelle ich überrascht fest, dass es die preiswerteste Mahlzeit meiner bisherigen Reise war.

Gemeinsam besprechen wir die folgende Strecke. Beim nächsten Pass geht es auf eine Höhe von mehr als 1500 Meter. Viele Kilometer muss man immer nur bergauf gehen. Der Weg führt durch eine ganz einsame und ursprüngliche Gegend. Wenn der Anstieg nicht wäre, würde ich so gern durch diese einzigartige Landschaft pilgern. Aber meine Kräfte reichen für solche Anstrengungen einfach nicht aus; das muss ich akzeptieren.

Für diese Strecke hatte ich mir zu Hause schon den Bus notiert. Durch die ganz entlegenen Ortschaften entlang dieses Weges fahren die Busse aber nicht. Jedenfalls nicht auf einer Route, die so sehenswert ist, wie man sie gern hätte. Deshalb fahren wir, wenn auch schweren Herzens, gleich von Astorga direkt bis Ponferrada.

Von Astorga nach Cacabelos

Ich setzte mich
in einen Zwischenraum der Zeit.
Federico García Lorca

Nach knapp zwei Stunden Fahrt kommen wir auf dem Busbahnhof in einem Industriegebiet von Ponferrada an. Das Erreichen der Templerburg, die ich mir unbedingt ansehen will, gestaltet sich schwieriger, als ich dachte. Es geht immer bergauf inmitten von dröhnendem Straßenlärm. Zu unserem Kummer erhalten wir auch noch Wegbeschreibungen in völlig unterschiedliche Richtungen. Und das, obwohl ich jedem, den ich frage, das Foto von dieser Templerburg zeige! Schließlich landen wir auf einem großen und außergewöhnlich stark besuchten Wochenmarkt. Mit den Rucksäcken wollen wir uns hier nicht auch noch durchzwängen, also gehen wir wieder zu einer Hauptstraße zurück. Und endlich kommt die Templerburg in Sicht. Wir müssen nur noch über eine Brücke, die sich hoch über den Fluss Sil und die Bahngleise spannt.

Die gewaltig hohen Mauern und Türme lassen die kriegerischen Auseinandersetzungen des Mittelalters erahnen. Schon die bloße Ahnung macht mir klar: Gelebt haben möchte ich zu dieser Zeit nicht. Auf den ersten Blick scheint die Burg sehr gut erhalten, aber innen ist nicht wirklich viel zu sehen. Dennoch bin ich froh, dort gewesen zu sein.

Nur ein paar hundert Meter weiter wäre die Herberge. Aber es ist noch nicht mal zwölf Uhr, und eigentlich könnten wir noch ein gutes Stück gehen. Unschlüssig, was wir tun wollen, trinken wir erst mal Kaffee. Kaffee ist immer gut, sagt Britta. Offenbar hat sie recht, denn beim Kaffeetrinken finden wir zu einer Entscheidung. Ich schlage vor, ein Taxi zu bestellen, das uns aus dieser ungemütlichen Stadt hinaus- und im nächsten Dorf zum Camino bringt. Britta stimmt zu: Auch sie möchte möglichst schnell fort von hier.

Adiós, Ponferrada! Schon pilgern wir durch eine traumhafte Landschaft mit kleinen Orten, Obstbäumen und gepflegten Gärten. Der Weg führt an kleinen Bachläufen und Kornfeldern entlang. An den Hängen sanfter Hügel wächst der Wein. Wir könnten in Südfrankreich sein. Am fernen Horizont, vor stahlblauem Himmel, glitzert auf dunklen Bergen der Schnee im Sonnenlicht.

Die Sonne jedoch brennt heute erbarmungslos, die Luft flirrt in der Hitze. Britta muss wieder andauernd rasten, und wir kommen nicht voran.

Wir müssen aus dieser Hitze raus, sage ich zu ihr, lass uns mal ein längeres Stück gehen.

Aber sie braucht schon wieder ein paar Minuten Ruhe, und wieder sitzen wir im Gras und sind untätig der prallen Sonne ausgesetzt.

Und dann streikt mein Körper. Die letzten Kilometer über eine aufgeheizte Landstraße werde ich so schnell nicht vergessen: Hitze von oben und von unten. Ich könnte unter dem Schatten großer Bäume gehen, rechts oder links der Straße. Aber da ist der Weg uneben, und ich stolpere andauernd, so gehe ich weiter über diesen heißen Teer. Und im

Geflimmer der Mittagshitze verlieren sich Straße und Häuser. Britta hat keine Probleme, sie ist immer etwas vor mir, kann sich im Schatten ausruhen, bis ich wieder bei ihr bin. So erreichen wir schließlich irgendwann Cacabelos: Erleichterung – und gleich darauf Enttäuschung, denn die Herberge ist nicht mehr am Ortsanfang, wie in meinem Buch beschrieben. Von einem Schattenfleck zum nächsten schleppe ich mich noch durch den ganzen Ort. Nach dem Überqueren eines Flusses erreichen wir endlich die Kirche, in der jetzt die Herberge ist.

Ich bin stehend k.o.! Zum Glück reicht mir die Herbergsmutter gleich beim Eintreten ein Glas Wasser und gibt mir etwas Salz auf die Hand. Hilfsbereit trägt sie meinen Rucksack in unsere Schlafkammer. Rechts und links steht je ein Bett, dazwischen ein Nachtschrank, ein Stuhl, sogar Schrankfächer gibt es. Und eine eigene Tür! In diesem Stil reiht sich im Halbrund der Kirchenmauer Kammer an Kammer.

Ein Zweibettzimmer wie in einem Hotel, seufze ich, zugleich erschöpft und erleichtert, und strecke mich sogleich auf meinem Bett aus.

Das Fieberthermometer zeigt über 39. Bei solcher Hitze habe ich zu Hause auch oft Fieber, das geht ganz schnell wieder runter, versuche ich Britta meinen Zustand zu erklären und nehme zwei Benuron. Später dusche ich, wasche meine Wäsche und lege mich wieder hin.

Britta meint, wenn ich ihr von meinem Waschpulver gäbe, wolle sie später auch für uns beide einkaufen. Ach ja, ich würde so gern eine Suppe essen, sage ich im Halbschlaf, aber ich bin gegen andere Waschmittel allergisch und habe selbst nur noch wenig.

Nachdenklich geht sie zu den großen Waschbecken an der Kirchenwand. Wahrscheinlich nimmt sie jetzt Shampoo, das schadet ja auch nichts, das mache ich auch oft.

Gern würde ich die Besonderheiten eines jeden Ortes viel mehr verinnerlichen. An vielem, was des Sehens würdig wäre, bin ich sicherlich schon viel zu oft achtlos vorübergegangen. Auch die Schönheit von Cacabelos erkenne ich erst, als wir zum Essenkaufen wieder in den Ort gehen. Erst jetzt sehe ich die an Stegen festgemachten kleinen Boote auf dem Fluss und die steinerne Brücke, dann den Fußweg am Wasser entlang im Schatten von Bäumen. Später gelangen wir in enge Gassen, gesäumt von niedrigen Häusern aus grauem Naturstein.

Jetzt geraten wir auch hier in den Feiertagstrubel. Es ist noch dazu ein Samstagabend, und die spanischen Familien feiern ausgelassen ihr Fest. Aber für uns sind das keine günstigen Bedingungen, um ein geöffnetes Geschäft zu finden. Verzweifelt suche ich ein Lokal, in dem ich eine Suppe essen könnte. Doch obwohl es schon nach 19 Uhr ist, sind alle Lokale geschlossen. Immerhin finden wir einen Bäcker und kommen in den Genuss von frisch gebackenem Weißbrot. Mit sehr viel Geduld finden wir dann doch auch noch einen Lebensmittelladen, der geöffnet hat.

Das Fieber ist natürlich nach dieser Anstrengung wieder gestiegen. Benuron und eine halbe Schlaftablette bringen mir für diese Nacht die erforderliche Ruhe.

Von Cacabelos nach O Cebreiro

> Nicht die Natur allein,
> auch des Menschen Dasein
> hat seine Gezeiten.
> *Dschuang Dsi*

Vergessen ist am Morgen die Last des vorherigen Tages, also ganz schnell waschen und Zähne putzen, den Rucksack packen – und schon sind wir wieder auf dem Weg. Die Isomatte lasse ich zurück. Es ist jetzt warm genug, ich muss sie nicht mehr unbedingt unter meinem Schlafsack haben, und jedes Gramm weniger an Gepäck bringt Erleichterung.

Auf bequemen Feldwegen und über sanfte Hügel kommen wir durch ein Straßendorf. Am Ende dieses Ortes, etwas abseits vom Camino, entdecke ich ein sorgfältig umzäuntes Grundstück. Es gehört wohl einem Bildhauer: Diese modernen Skulpturen stehen in starkem Kontrast zu den allgemein üblichen Darstellungen auf dem Camino. Das überrascht mich, deshalb möchte ich ein paar Bilder machen. Mein Objekt ist ein gut zwei Meter hoher Männerkopf; zu seinem Haupthaar formen sich schlanke, nackte Frauenkörper. Sogar im Ohr schlängelt sich die Gestalt einer Frau. Die fantasievollen Schöpfungen erinnern mich an die surrealen Gemälde und Skulpturen von Dalí. Jetzt weiß ich auch, weshalb auf dem Marktplatz dieses eher kleinen Ortes eine so ungewöhnlich große (und im Unterschied zu den anderen sehr dralle) Frauenskulptur steht.

In der Kühle des Morgens kommen wir sehr gut voran. Schnell sind wir in Villafranca del Bierzo. Danach aber kommt wieder ein steiler Pass, der auf 1300 Meter Höhe führt. Ursprünglich wollte ich hier übernachten und mit dem Bus weiterfahren. Die Herberge scheint auch ganz gut zu sein. Allerdings führt uns der Zufall nun direkt auf den Hof der privaten Herberge. Britta erfährt in wenigen Minuten alle wichtigen Informationen dieses Tages. Hier ist also auch Fiesta, ohnehin ist es Sonntag. Ob Sonn- oder Wochentag, vergisst man ganz, wenn man so unterwegs ist. Sonntags aber fahren keine Busse. Auch nicht am nächsten Tag. Allerdings könnten wir jetzt gleich gegen ein geringes Entgelt mit dem Wagen fahren, der die Rucksäcke nach O Cebreiro bringt. Brittas Organisationstalent ist einfach umwerfend.

Diese Beförderung von Rucksäcken wird auch in meinem Buch beschrieben. Der Hänger ist schon voll beladen. Ich zwänge meinen Rucksack noch dazwischen und hoffe, er bleibt auch während der Fahrt dort liegen. Der Fahrer muss das alte Auto ganz schön treten: fünf Personen und ein übervoller Hänger.

Dessen ungeachtet fährt er seine Strecke, singt und lacht und grüßt die *peregrinos,* die wir überholen. Irgendwo hält er mal an, um etwas abzugeben, und noch einmal, um zwei jungen Spanierinnen die Rucksäcke abzunehmen. Erleichtert winken sie dem Wagen nach, er ruft ihnen zu, wo sie die Rucksäcke abholen können. Die Straße wird zusehends steiler; in den Kurven denke ich manchmal, dass der Hänger den Wagen wieder zurückzieht. Mit noch mehr Gas gelingt ihm aber auch diese Steigung. So passieren wir die Grenze zu Galicien. Schneller als vermutet, erreichen wir O Cebreiro. Eilig heben wir die Rucksäcke vom Hänger. Der Wagen braust erleichtert davon.

O Cebreiro, ursprünglich eine Siedlung der Kelten, gleicht heute in seiner Gesamtheit einem Museum. Da dieser Sonntag auch noch ein Feiertag ist, nutzen viele Spanier den Anlass für einen Ausflug hierher. Die Straßen und Gaststätten sind voll von Menschen, der ganze Ort ist angefüllt mit dem Lärm dieses Tages.

Vor der Herberge stellen wir die Rucksäcke in einer immer länger werdenden Reihe ab. Dann warten wir selbst in einer langen Schlange stehend auf Einlass. Ich werde nach unten in einen Schlafsaal im Keller eingeteilt, wo der Pilzbefall die Wände hochkriecht. Dieser Raum ist sofort voll, ebenso der Saal gegenüber. Ich finde gerade noch ein unteres Stockbett, doch der Pilz an der Wand neben mir wächst beinahe bis zur Decke. Im ebenerdigen Eingangsbereich gibt es einen langen Flur mit kleineren Zimmern. Ich weiß nicht, welche Privilegien man haben muss, um auf dieser Etage schlafen zu dürfen. Immerhin sind auch die sanitären Anlagen deutlich sauberer als unten, und das Wasser ist sogar warm. Also werde ich hier duschen. Die große Küche hingegen könnte zwar schön sein, ist aber furchtbar dreckig.

Später, als es etwas ruhiger geworden ist, wage ich den Versuch, die Herbergsmutter um ein Bett ohne Schimmelpilz zu bitten. Aber die Dame war vorhin schon zu uns allen extrem unfreundlich und hat ihre schlechte Laune wohl auch beibehalten. Denn jetzt sieht sie mich richtig böswillig an und ignoriert einfach meine Frage. Ratlos bleibe ich vor dem Schreibtisch stehen und sehe zu der jungen Frau auf, die offenbar nur eine Hilfskraft ist, sich aber schon von vornherein wesentlich rücksichtsvoller verhalten hat als die Hausherrin. Tatsächlich wagt sie den Vorschlag, mich in das Stockwerk darüber, in ein Mansardenzimmer, einzuquartieren. Aber das war ein Fehler! Ich hätte die junge Frau nicht in diese Situation bringen dürfen, denke ich, denn jetzt wird die Herbergsmutter richtig wütend. Was sie auf Spanisch sagt, verstehe ich nicht, aber es ist sicher nichts Gutes.

Zum Dank nicke ich der jungen Spanierin zu und wende mich zum Ausgang. Du solltest zehn Euro auf den Tisch legen, das ist wahrscheinlich eine Sprache, die auch die Herbergsmutter versteht, geht es mir noch durch den Kopf. Aber dann sage ich mir, die kriegt nicht einen Pfennig. Also noch nicht mal die übliche Spende von zwei Euro!

Zumal in diesem Moment zwei junge Männer die Treppe aus dem Mansardenbereich herunterstürmen und der eine zu dem anderen sagt: Mensch, das ist ja hier ein Komfort wie in einem Hotel. Na prima, denke ich beim Verlassen dieser gastlichen Herberge, wenigstens die Jungens können in gepflegten Räumen schlafen.

Die Helligkeit des Sonnenlichts und das Grün der Berge sowie die kleinen, mit Stroh gedeckten Häuser keltischen Ursprungs lassen mich den Schimmelpilz an meinem Bett vergessen. Gegenüber der Herberge, auf der anderen Straßenseite, sehe ich in ein tiefes Tal, wo Hecken und Bäume die kleinen Wiesen und Äcker umfrieden. Straßen schlängeln sich wie weiße Fäden an den Berghängen entlang und verbinden die kleinen Ansiedlungen miteinander. Im Hin-

tergrund schiebt sich, in ein leichtes Blau übergehend, Bergkuppe hinter Bergkuppe; in weiter Ferne ist sogar ein Berg
mit Schnee bedeckt.

Später werde ich gefragt, ob ich die Fotos dieser Landschaft von einem Flugzeug aus gemacht hätte, so klar und
rein ist hier oben die Luft.

Abseits des Tourismus finde ich immer noch ruhige Wege
und verweile lange bei der Jakobuskirche aus dem neunten
Jahrhundert. Den Mittelpunkt eines Platzes direkt am Ortseingang bildet eine große Messingtafel. Es ist ein Relief mit
einer Karte Europas. Sie zeigt die vielen Pilgerwege, die unseren Erdteil durchziehen und sich in einem einzigen Weg
vereinigen, dem Weg nach Santiago de Compostela. Das
Brandenburger Tor ist dargestellt, Big Ben, der Eiffelturm,
der Petersdom. Über allen Wegen wacht wie über uns Pilgern der heilige Jakobus.

Zur Erinnerung an die Kelten stehen neben der Wehrkirche einige sehr gut erhaltene Rundhäuser, die *pallozas*. Ein
einziger, runder Raum, ehemals fensterlos, aus grobem Naturstein, mit Strohdächern, die gegen Wind und Schnee
beinahe die Erde berühren. Wege aus großen, unebenen
Pflastersteinen im gleichen Grau verbinden die Bauten. Ein
Haus kann man betreten. Auch dieses hat ein Strohdach,
die Wände sind allerdings aus Holz und ruhen auf massi-
ven, den Steilhang ausgleichenden Steinsockeln. Ein einziger vier mal vier Meter großer Raum mit spärlicher Einrich-
tung ist alles, was unsere Vor-Vorfahren zum Leben benötigten.

Durch winzige Fenster, auf jeder Seite eines, sehe ich in
ein anderes Tal. Hier in dieser Höhe beginnt das Grün der

Bäume gerade zu sprießen, an manchen Zweigen zeigen sich zarte Blüten.

Kälteempfindlich, wie ich bin, denke ich bei solchen Gelegenheiten immer sofort an den Winter. Unter dem rekonstruierten Haus befinden sich moderne landwirtschaftliche Geräte und viel Holz für den Winter. Doch wie sehr müssen die Menschen gefroren haben, die hier ohne moderne Technik leben mussten!

Zwischen großzügigen Andenkenläden finde ich ganz versteckt einen Lebensmittelladen, der kaum größer ist als seine Eingangstür. Im Schein der untergehenden Sonne esse ich auf einer abseits gelegenen Bank zu Abend.

Als ich zurückkomme, ist diese wirklich große Herberge hoffnungslos überfüllt. In allen Fluren haben sich die Pilger auf Isomatten ihr Lager hergerichtet, auch auf den Treppenabsätzen und den Bänken in der Küche. Mein Vorhaben, mir noch Tee zu kochen, gebe ich auf. Vor unserem Saal nächtigen Elisabeth und Tom, ein junges englisches Paar. Sie hat ein stark geschwollenes Knie, er wird ab morgen das meiste Gepäck allein tragen. Und beide hoffen auf ein Wunder.

Britta wird mit einer englischen Gruppe in einem Taxi weiterfahren, doch ich will den Abstieg wagen. Sie mahnt mich, ich müsse noch zweimal auf über 1300 Meter hoch. Aber ich will gehen und nicht schon wieder fahren.

Von O Cebreiro nach Triacastela

Und plötzlich lässt die Nachtigall
im Busch ihr Lied erklingen;
in Berg und Tal erwacht der Schall.
Emanuel Geibel

Noch bevor die anderen aufstehen, sage ich der Schimmelpilzwand auf Nimmerwiedersehen und trage still und leise meine Sachen aus dem Schlafsaal. Vor der Tür packen Elisabeth und Tom schon ihre Rucksäcke. Sie haben bestimmt nicht gut geschlafen. Auf der Treppe ziehe ich mich an, verstaue meine Sachen ordentlich. Noch etwas Katzenwäsche und Zähneputzen oben im Bad, und nur 20 Minuten später stehe ich im ersten Dämmerlicht auf der Straße. Für die Landstraße, auf der ich zuerst gehen muss, ist es hell genug.

Diese Stille hier oben in den Bergen ist unglaublich. Außer meinem eigenen Schritt gibt es kein Geräusch. Dann komme ich über eine Brücke, die sehr hoch sein muss. Ich kann aber nicht erkennen, ob ich einen Fluss oder ein tiefes Tal überquere. Allmählich wird der Himmel etwas heller. Das leise einsetzende Piepen der Vögel begrüßt den Sonnenaufgang. Von Minute zu Minute steigert es sich in lauten Gesang. Um mich herum zwitschert und trillert es; der durchdringende Ruf des Kuckucks wiederholt sich immer wieder, erhält Antwort von einem anderen Berg.

Wo immer ich auch hinkam, der Kuckuck ist schon längst vor mir da. An jedem Tag meiner Reise hat er mich bisher begrüßt.

Plötzlich taucht die riesige Statue eines Pilgers vor mir auf. Ebenso riesig ist meine Überraschung: Obwohl die Figur sicher drei Meter hoch ist, sieht man sie erst aus nächster Nähe, weil sie direkt hinter einer Wegbiegung steht. Es ist zwar noch recht dunkel, aber ich will den monumentalen *peregrino* trotzdem fotografieren. Also lege ich meinen Rucksack ab und ziehe auch gleich meine Jacke aus, die mir schon viel zu warm ist. Das Ausrichten der Kamera dauert noch eine Weile, und gerade als ich damit fertig bin, fällt der erste Sonnenschein über die Berge hinweg direkt auf meinen Pilger. Ich bin ganz begeistert und knipse gleich mehrmals. Nun kommen auch noch andere Pilger, und wir fotografieren uns gegenseitig.

Die Landstraße habe ich inzwischen längst verlassen. Jetzt gehe ich auf Waldwegen, wenn man diese so nennen kann. Meistens sind es vom Regen- und Schmelzwasser ausgespülte Rinnen, mit vielen losen Steinen und wenig Erdreich. Man muss schon sehr aufpassen, wo man hintritt. Weich und federnd wie in unseren Wäldern sind die Wege selten.

Inzwischen geht es auch wieder bergauf, steil bergauf, bis zum nächsten Pass. Noch dazu ist die Sonne für diesen frühen Morgen eigentlich schon viel zu warm. Andererseits möchte ich mir nicht vorstellen, wie es ist, wenn es hier oben in den Bergen richtig regnet oder gar neblig ist. Ganz plötzlich mündet der schmale Waldpfad in einen steilen, sandigen Hang, etwa wie eine hohe Düne. Beklommen schaue ich hinauf. Es ist wirklich nicht hoch, dennoch zweifle ich, ob ich diesen Hang schaffen kann. Sogar die jungen Pilger rutschen immer wieder zurück, stützen sich im Sand ab – und sind dann doch ganz schnell oben.

Vielleicht habe ich irgendwo ein Zeichen übersehen? Ich bin mir nicht mehr sicher, ob das der richtige Weg ist, und gehe ein gutes Stück zurück. Aber alle gehen hier weiter, und es bleibt mir nichts anderes übrig, als auf allen vieren da hochzukrabbeln. Zwischendurch setze ich mich in den Sand, ruhe mich aus und schaue mir die Landschaft an.

Gleich jenseits der Hügelkuppe ist ein Gasthaus mit Tischen und Sonnenschirmen davor. Man könnte hier auch übernachten. Es riecht nach Gebratenem, und aus dem Kamin steigt der Rauch auf. Drinnen und auch draußen sind alle Tische besetzt. Ich glaube, es handelt sich um eine Reisegruppe, die hier ihr vorbestelltes Essen einnimmt. Das würde auch die vielen jungen Menschen ohne Rucksack auf dem letzten Stück Weg erklären.

Dicht an der Hauswand hocke ich nun auf einem Stuhl und trinke meinen Orangensaft. Das Essen für die anderen Tische wird einfach über meinen Kopf hinweggereicht, was mir sehr unangenehm ist. Das ganze Geschehen erinnert mich sowieso eher an ein Volksfest, und diese Unruhe macht mich richtig nervös. Eigentlich wollte ich mir auch etwas zu essen bestellen, aber ich fühle mich fehl am Platz. So greife ich nach meinem Rucksack, und schon bin ich wieder unterwegs.

Nun geht es immer bergab, erst auf der Landstraße, später durch ein Dorf, wo ich am Brunnen noch einmal meine Wasserflaschen fülle, und weiter auf sehr steinigen Feldwegen, die eher einem ausgewaschenen Flussbett gleichen. Parallel zu diesem Weg verläuft die Landstraße. Neidisch sehe ich hinüber. Schließlich klettere ich durch einen Zaun, überquere die Wiese und bin wieder auf der Straße. Eine gute Entscheidung: Jetzt bin ich sogar schneller als die anderen Pilger, die rechts von mir den steinigen Weg gehen.

Glücklich in mein Wandern vertieft, genieße ich die Schönheit rings um mich herum. An den steilen Hängen, die links zum Tal hin abfallen, bestellen die Bauern ihre Felder. Sie fahren mit ihren Treckern so schräg den Hang hinauf, dass ich meine, sie müssten umkippen. Die mit großen Steinplatten, Hecken und Sträuchern umzäunten Wiesen sind mit Blumen gesprenkelt; Gelb ist die vorherrschende Farbe, doch auch andere Blüten lugen immer wieder hervor. Über die Bergkuppen hinweg steht meterhoch das blühende Heidegewächs. Gibt es etwas Schöneres als den Anblick einer solch zauberhaften Landschaft?

Ich gönne mir eine längere Rast. Inmitten einer Blumenwiese sitze ich auf einem Stein und esse die Reste vom Vortag. Nicht viel, aber zum Glück habe ich noch eine Banane. Sie ist schon reichlich zerquetscht; aber der Hunger treibt's rein, haben wir als Kinder immer gesagt.

Plötzlich spüre ich ein verdächtiges Jucken und Brennen oberhalb meines linken Innenknöchels. An der schon leicht geröteten Stelle finde ich zwei winzige Einstiche.

Wie konnte das nur passieren? Mit den hohen Stiefeln, den dicken Wandersocken, die noch höher reichen, und der Jeans darüber müsste ich doch nun wirklich ausreichend geschützt sein!

Vorsorglich reibe ich die Stelle mit der Salbe gegen Nesselsucht ein. Hoffentlich geht alles gut – nicht wie im letzten Sommer, als mein rechtes Bein nach einem Insektenbiss rot entzündet und stark geschwollen war. Damals hatte mir der Arzt sogar wegen des hohen Fiebers Antibiotika verschrieben.

Meine Straße driftet jetzt mehr und mehr nach links ab, während sich die Pilger immer weiter nach rechts von mir entfernen, bis sie über eine Bergkuppe hinweg ganz verschwinden. Und weil ich nicht weiß, ob die Straße jetzt nicht doch einen großen Umweg macht, gehe ich über Feldwege zum eigentlichen Camino zurück. Schon nach kurzer Zeit schmerzt das linke Bein. Ich lockere das Schuhband etwas und reibe die Stelle noch mal ein.

Bei einer wunderbaren Aussicht in das Tal und auf die Berge genießen viele Pilger hier ihre Mittagsrast. Aber ich kann mir jetzt keine längere Pause mehr erlauben. Der Weg ist immer noch sehr schwierig. Manchmal fällt er steil ab, lose Steine kullern unter meinen Füßen weg. Immerhin müsste ich auch bald da sein, tröste ich mich, denn von O Cebreiro bis Triacastela sind es ja nur 20 Kilometer.

Nach der letzten steil abfallenden Böschung verläuft der Weg dann auch bald recht eben und führt im Schatten von Bäumen an einem Hang entlang. Nach links öffnet sich das breite, grüne Tal; es ist ganz herrlich anzusehen. Schon von Weitem erkenne ich inmitten einer großen Wiese die Herberge. Ich habe es geschafft, jubiliere ich, gleich bin ich da! Mit jedem Schritt kann ich sehen, wie mein Ziel näher rückt – doch gerade als ich in den Weg zur Herberge einbiegen will, kommt mir das holländische Paar von dort entgegen.

Die ist schon voll, sagen sie zu mir, da brauchst du nicht mehr hin.

Unvermittelt treten mir Tränen der Erschöpfung in die Augen. Die beiden wollen sich eine Pension suchen; ich folge den Schildern zu einer privaten Herberge. Doch ehe sich dort die Tür für mich öffnet, muss ich noch durch den ganzen Ort.

Zwei Männer – Dänen, wie ich später erfahre – leiten diese *albergue*. Es sind sanfte und sehr liebevolle Menschen. Ihr herzlicher Empfang bietet mir für diese Nacht Geborgenheit. Hilfsbereit nimmt mir der Jüngere den Rucksack von den Schultern und trägt ihn die Treppe hoch. Stufe für Stufe, das linke Bein schmerzt furchtbar, folge ich ihm und erhalte mal wieder ein oberes Bett.

Gern würde ich mich sofort hinlegen, aber wie ich es auch anstelle, ich komme da nicht hinauf. Schließlich nehme ich mein Waschzeug und frage nach den Duschen. Wenn ich mit ihm nach unten ginge, sagt der junge Mann, würde er mir das private Bad aufschließen. Ich könne dort so lange baden, wie ich wolle, und auch von innen abschließen.

Die Freude über die Badewanne in einem Raum für mich ganz allein weicht dem Schrecken, als ich mein linkes Bein betrachte. Fassungslos sehe ich auf den dick geschwollenen Unterschenkel. Was mich noch viel mehr beunruhigt als die Schwellung: Bis hoch über das Knie breiten sich große, runde, gerötete Flecken aus. Ich sollte das Bein nun wirklich nicht auch noch überhitzen.

Aber dem Wunsch, mich ins warme Wasser zu setzen, kann ich nicht widerstehen. Das Bein brause ich anschließend mit kaltem Wasser ab. Schnell wasche ich auch noch meine getragenen Sachen, reinige die Wanne und den Boden und gebe dankend den Schlüssel ab.

Das private Bad war wirklich ein sehr großes Entgegenkommen, und inzwischen habe ich sogar ein unteres Bett in einem anderen Schlafraum zugeteilt bekommen. Als Erstes breite ich alle verfügbaren Medikamente vor mir aus. Die Temperatur ist nur leicht über 38. Das ist schon mal sehr beruhigend. Ich nehme eine Benuron und ein Antibiotikum, dazu eine Tablette, die ich lange gegen Nesselsucht eingenommen habe. Zusätzlich reibe ich das Bein bis über das Knie mit Voltaren ein. Ich weiß, auch Salben belasten den Körper, und vielleicht ist alles zusammen denn doch ein bisschen zu viel des Guten. Aber ehe ich meine momentane Situation noch weiter überdenken kann, bin ich auch schon eingeschlafen.

Im Großen und Ganzen ist es in dem Haus sehr ruhig. Ich werde nur manchmal halb wach, wenn neue Pilger kommen. Am Abend esse ich ein Stück trockenes Brot und trinke Wasser dazu, mehr habe ich nicht. Dann nehme ich wieder ein Antibiotikum und in meiner Not eine Allergietablette – sie ist so stark, dass ich sie nur einmal nehmen darf – und schlafe auch gleich weiter.

Spät in der Nacht kommen noch zwei Radfahrer. Der eine erhält ein Notbett in unserem Zimmer, immerhin ein richtiges Gästebett, der andere schläft auf dem Flur.

Triacastela

Alle Möglichkeiten des Lebens,
alle Straßen,
haben mich hierhergeführt.
Richard Brautigan

Ich muss sehr lange geschlafen haben, denn die Pilger sind
schon auf und mit dem üblichen morgendlichen Packen
beschäftigt. Ich bleibe liegen und beobachte das Geschehen
um mich herum. Binnen 30 Minuten sind alle fort.

Ich fühle mich gar nicht gut und möchte am liebsten
gleich weiterschlafen. Aber wenigstens sollte ich mich etwas
waschen und die Zähne putzen. Das tue ich dann auch. In
meinem Rucksack finde ich noch einen leicht angedötsch-
ten Apfel. Nicht besonders appetitlich – aber egal, ich muss
ja wenigstens etwas im Magen haben, ehe ich das Antibiotikum wieder nehme. Temperatur habe ich keine mehr, und
das Bein ist nur noch leicht geschwollen. Am wichtigsten
jedoch: Die roten Flecken sind völlig verschwunden!

Einigermaßen beruhigt rolle ich mich wieder in meinen
Schlafsack und werde erst wach, als der Jüngere das Zimmer reinigen will. Sie sind ja noch da, sagt er überrascht und
fragt, ob ich krank sei und ob er einen Arzt rufen solle. Über
den Pilgerpass sei ich ja auch versichert.

Ich bin nicht wirklich krank, antworte ich, aber ich
möchte das Bein heute noch schonen und bitte ihn, noch

eine Nacht bleiben zu dürfen. Er willigt ein. Im Übrigen sei er den ganzen Tag im Haus, falls ich doch noch Hilfe bräuchte.

Nun bin ich wieder mit mir allein und überlege, ob ich aufgeben oder weitergehen soll. Ach, morgen früh werde ich ja sehen, wie sehr der Fuß noch schmerzt. Also verschiebe ich das Grübeln auf morgen und schaue mich in dem Zimmer um, in dem nichts weiter als leere Betten stehen. Weiß lackiert, sehen sie aus wie in einem Krankenhaus. Und plötzlich überkommt mich ein tiefes Gefühl der Einsamkeit. Als wäre gerade wieder jemand, an den man sich gewöhnt hatte, entlassen worden und ich müsste noch bleiben, weil meine Behandlung noch nicht abgeschlossen ist. Manchmal allerdings wurde auch ein Bett hastig hinausgeschoben, damit wir, die wir noch hofften, das Sterben nicht miterleben mussten.

Mein Kampf mit der Krankheit

Unversehens bin ich in den Sog meiner Erinnerungen geraten. Ich sehe mich zu Hause in meinem goldenen Bett. Von einem goldenen Bett hatte ich schon als kleines Mädchen geträumt. Als ich es später, ich war schon verheiratet, in einem Schaufenster sah, ging ich hinein und erfüllte mir diesen Traum von einem goldenen Ehebett. Auch nach so vielen Jahren haben diese wundervoll geschwungenen Rosetten aus echt vergoldetem Messing nicht eine Spur ihres Glanzes verloren.

In diesem Bett, auf das ich so stolz war, lag ich nun schon viele Tage und konnte ohne Peters Hilfe noch nicht mal mehr ins Bad gehen. Es ist schon wieder eine Woche um, sagte er eines Nachmittags verzweifelt, was soll ich nur tun, irgend etwas muss jetzt geschehen. Ohne jede Hoffnung sagte ich zu Peter: Am besten gar nichts. Ich bleibe hier so lange im Bett liegen, bis ich tot bin.

Diese Worte brachen den Bann, der sich in den Wochen meiner Krankheit über uns gelegt hatte. Voll verzweifelter Wut lief Peter sofort zum Telefon und wählte das Krankenhaus. Dem diensthabenden Arzt sagte er – nein, er schrie ins Telefon, er könne sich das jetzt nicht mehr mit ansehen: Die Milz muss raus! Er bringe jetzt seine Frau, und der Arzt solle sich ja nicht einfallen lassen, sie nicht aufzunehmen.

Mit dem Epstein-Barr-Virus, den sie schon im Juni diagnostiziert hatten, haben sie mich hingehalten und mich bei den Untersuchungen immer wieder vertröstet. Sie sagten, das Virus werde wieder abklingen und die Milz sich zurückbilden. Mit der Diagnose eines Lymphoms im Hintergrund, damals noch ohne Befall des Knochenmarks, wollte ich mich sowieso nicht abfinden, da war mir der Epstein-Barr-Virus viel angenehmer.

Jetzt und hier in Triacastela liege ich wieder krank im Bett. Diesmal ist es nur ein Bett aus schlichtem Metall. Aber in den vergangenen zwei Wochen habe ich die Gewissheit gewonnen, dass ich mich auf meinen Körper verlassen kann. Das wirft viele Fragen auf, die nun auf mich einstürzen: Weshalb habe ich mich damals so lange treiben lassen? Warum haben wir uns nicht besser informiert? Wie konnte ich nur mein Schicksal widerstandslos in fremde Hände legen? Welche Alternative wäre denkbar gewesen? Was hätte sie bewirken können? Hatte ich wirklich alles aus meiner Zeit als Sekretärin im Krankenhaus vergessen? Ich kann mir mein damaliges Verhalten nur so erklären: Die Angst vor der Konfrontation mit der Krankheit lähmte mein Denken und Handeln. Und so glaubte ich, was ich glauben wollte.

Wie aber der Oberarzt einer onkologischen Abteilung ein halbes Jahr lang ein solches Risiko eingehen konnte, indem er meine Milz immer größer werden ließ, ist mir noch heute ein Rätsel. Erst jetzt in der Rückschau wird mir in seiner ganzen Tragweite bewusst, wie skandalös das eigentlich war. Als mir an jenem Abend im November der Bereitschaftsarzt vom Röntgentisch half, sagte er: Fallen Sie mir bloß nicht hin, sonst kriege ich sie noch nicht mal mehr bis zum OP.

Endlich wurde ich operiert. Die Milz wog drei Pfund. Später unterlief mir einmal ein freudscher Versprecher; ich sagte: »Als ich von der Milz entbunden hatte ...«

Als Sekretärin hatte ich selbst mehrere Jahre in einer onkologischen Abteilung gearbeitet. Aber eines Tages war mir die psychische Belastung unerträglich geworden. Ich nahm sogar eine Rückstufung meines Gehalts in Kauf, nur um von da wegzukommen.

Selbstverständlich wusste ich von meiner Arbeit her, was ein Non-Hodgkin-Lymphom bedeutet. Doch ich muss wohl gut im Verdrängen sein, denn als bei mir selbst ein solches Lymphom diagnostiziert wurde, benahm ich mich, als hätte ich niemals zuvor davon gehört. Nur so kann ich mir erklären, dass ich mich ohne jede Beeinflussung für eine Strahlentherapie in dem gleichen Haus entschied. Allerdings wollten mich die großen und bekannten Kliniken auch gar nicht aufnehmen.

Es sollte eine totale Bestrahlung erfolgen. Erst der Unter-
körper, drei Wochen lang. Dann der Oberkörper, bis über
die Ohren. Diese Therapie verspricht komplette Heilung.
Aber um welchen Preis!

Was es heißt, so intensiv bestrahlt zu werden, ist kaum
vorstellbar. Der Magen nimmt kein Essen mehr an, der
Darm hält den Stuhl nicht. Alle Schleimhäute sind betrof-
fen; jeder Geschmack, jeder Geruch ist extrem verstärkt
und nicht zu ertragen. Ich konnte nicht essen, nicht trinken
und magerte entsetzlich ab.

Vier Bestrahlungen fehlten mir noch für den Unterkör-
per, als abgebrochen werden musste, weil die Blutwerte zu
schlecht waren. Jetzt, als es zu spät war, wurde ich sogar in
der Strahlenabteilung stationär aufgenommen. Aber ich
erhielt keinerlei Infusionen mit Vitaminen oder blutbilden-
de Medikamente. Sie sagten, das Blut müsse sich von selbst
regenerieren. Doch die täglichen Laborwerte blieben so
schlecht wie bei der Aufnahme.

Nach Tagen des Dahindösens dachte ich: Die lassen dich
hier verschimmeln, du musst hier weg. Mittlerweile war es
Februar. Ausgerechnet am Karnevalssonntag packte ich
meine Tasche. Als mich Peter am Nachmittag besuchen
kam, drückte ich ihm die Tasche in die Hand und sagte:
Komm, lass uns gehen.

Mein Hausarzt war erschüttert über meinen Zustand. Er
gab mir erst mal Infusionen mit reichlich Vitaminen und
suchte eine neue Klinik. Auf dem Umweg über mehrere andere Ärzte erhielt ich dann sogar einen Vorstellungstermin
bei einem sehr bekannten Professor in der Strahlenabteilung der Uni-Klinik Essen. Dort hieß es jedoch, eine Be-

strahlung sei in diesem späten Stadium nicht mehr sinnvoll und bringe keine günstigen Ergebnisse.

Für eine Chemotherapie wiederum waren zu diesem Zeitpunkt die Lymphknoten noch zu klein. Weil die Laborwerte aufgrund der verbesserten medikamentösen Behandlung sich positiv entwickelten, wurde ich schließlich entlassen. Doch die Lymphknoten wurden größer und größer und immer schmerzhafter. Täglich konnte ich an meinem Hals ertasten, wie sie weiter anschwollen. Aber bei jeder neuen Untersuchung hieß es, wir müssen noch warten.

Irgendwann wurde es unerträglich. Inzwischen hatte ich ein Jahr lang immer erhöhte Temperatur gehabt. Dann stieg das Fieber plötzlich sprunghaft an, ich bekam Atemnot und hielt die Schmerzen einfach nicht mehr aus und wollte unbedingt in ein Krankenhaus.

Jetzt sofort, sagte ich zu meinem Hausarzt. Suchen Sie eines hier in der Nähe, das für mich zuständig ist, die weite Fahrt nach Essen überstehe ich nicht mehr. Am deutlichsten erinnere ich mich an die Ratlosigkeit und Verzweiflung von Peter in diesem Moment. Immer war er an meiner Seite, immer hat er mich unterstützt, aber nun schien es ihm, als könne er gar nichts mehr tun. Mein Gott, hat er mir leidgetan!

Jedenfalls hat mich damals das Johanniter-Krankenhaus in Rheinhausen sofort aufgenommen, obwohl kein Bett frei war. Jetzt brauchten wir nur noch 40 Kilometer zu fahren und nicht wie vorher 80.

Ich wurde gründlichst untersucht; mit der Chemotherapie sollte nun sofort begonnen werden. Als Erstes erhielt ich eine Impfung zum Schutz der Lunge gegen Pneumokokken. Diese war längst überfällig gewesen, weil mir die Milz fehlte. Als Nächstes wurde der Lymphknoten unterhalb der linken Achselhöhle operativ entfernt – genau der, der mir schon am längsten furchtbare Schmerzen bereitet hatte.

War nicht so ganz einfach, den zerfallenen Lymphknoten rauszuholen, sagte später die Chirurgin, die den Verband wechselte.

Bei der Besprechung zur Chemotherapie stellte ich mit Entsetzen fest, dass sich in den letzten 20 Jahren praktisch gar nichts verändert hatte. Nach einer kurzen Überlegung sagte der Arzt: Stimmt, aber die Nebenwirkungen haben wir heute viel besser im Griff. Allerdings kommen in den nächsten Jahren sehr vielversprechende, ganz anders gelagerte Präparate auf den Markt. Sollte die klassische Chemotherapie nicht greifen, sind Sie vielleicht eine der Ersten, die davon profitieren können.

Dass ich tatsächlich eine dieser Ersten sein würde, wusste ich damals noch nicht. Bis dahin war es auch noch ein langer Weg. Für mich war jetzt nur wichtig, dass ich bei einem guten Ärzteteam angekommen war, bei dem ich mich gut aufgehoben fühlte. Ich fasste wieder Vertrauen in die Zukunft und dachte, jetzt wird alles gut.

Aber ich hatte unterschätzt, wie radikal eine Chemotherapie ist. Ich wurde von Tag zu Tag schwächer. Meine Blutwerte verschlechterten sich rasend schnell. Immer öfter dachte ich: Ehe dieser verdammte Tumor kaputt ist, ist mein Körper dahin. In Abständen von längstens drei Wochen sollte die nächste Therapie erfolgen, aber meine Werte hatten sich nach vier Wochen noch nicht erholt. Einen optimalen Heilungserfolg, stellte ich mit Schrecken fest, konnte ich unter diesen erschwerten Bedingungen nicht mehr erwarten.

Ich wurde zu einem hilflosen Bündel Mensch, weinte wegen jeder Kleinigkeit oder begann zu toben. Wie oft habe ich in Wut und Zorn auf meiner Perücke herumgetrampelt oder sie in die Ecke geschmissen. Peter konnte sich solche Marotten nicht erlauben. Er musste der Starke sein, an den ich mich anlehnen konnte. Die Haare wachsen doch wieder, sagte er beschwichtigend, aber setz sie jetzt bitte auf, du musst mal hier raus, ich fahre dich spazieren.

Die Chemotherapie greift alle schnell wachsenden Zellen an, so auch die Schleimhäute. Das Essen entwickelte sich dadurch zu einem echten Problem. Eines Tages sagte ich zu Peter, ich möchte Haferflocken haben. In der Küche stehen sie, in einer blauen Tüte. Koch die mal bitte, aber nur mit Wasser und ohne Zucker. So bekam ich endlich etwas zu essen, das ich auch vertrug. Der warme Brei schmiegte sich in den Magen, und ich fühlte mich so wohl wie schon lange nicht mehr.

Als eines Tages im Krankenhaus so gar nichts auf dem Tablett war, was ich essen konnte, fuhr Peter extra noch mal die weite Strecke, um mir meine Haferflocken zu bringen. Von da an brachte er sie mir jeden Tag in einer Thermosflasche mit.

Ein weiterer schwerer Infekt mit zwei Wochen Antibiotika-Infusionen verzögerte den nächsten Therapiebeginn um Wochen. Für die fünfte wurde ich in einem privaten Zweibettzimmer untergebracht. Morgens und mittags wurden Labortests gemacht, dazwischen erhielt ich Spritzen zur Vermehrung der Blutplättchen und Frischblut, und im Übrigen dämmerte ich apathisch vor mich hin.

Bei der Entlassung gab mir der Chefarzt einen Zettel, auf dem der Termin für eine Klinik in Essen stand. Sie sollten dort hingehen, sagte er. Und meine nächste Therapie, fragte ich ängstlich.

Er zögerte und suchte wohl nach einer schonenden Erklärung. Doch dann sagte er: Frau Sauer, noch eine Therapie wäre viel zu riskant, wir können hier nichts mehr für sie tun. In Essen-Werden haben sie ganz andere Möglichkeiten, die sind spezialisiert auf Lymphome und Leukämien.

Die Leiden und Ängste habe ich inzwischen einigermaßen überwunden, und eigentlich gehören sie gar nicht mehr so richtig zu mir. Aber damals dachte ich: Schon wieder eine andere Klinik! Das ist das Ende! Ich weinte auf dem ganzen Weg bis nach Haus.

In Essen-Werden erklärte uns ein sehr netter Oberarzt die Gewinnung von Stammzellen aus meinem Blut, die nach entsprechender Vorbereitung mein Knochenmark neu aufbauen sollten. Bei der Therapie im Januar, die mir zur Stammzellbildung noch einmal gegeben wurde, entwickelte ich keine Stammzellen. Mitte März sollte ein erneuter Versuch erfolgen. In der Zeit dazwischen konnte ich mich erst mal erholen.

Im Februar flogen wir für zwei Wochen nach Fuerteventura. Zwar fehlte mir die Kraft, um länger als zehn Minuten zu gehen, aber wir hatten einen Südbalkon, den Peter an der Rezeption energisch durchgesetzt hatte. Die Sonne tat mir gut, und das unglaublich intensive Blau des Meeres werde ich wohl nie vergessen.

Als wir wieder in Deutschland waren, versuchten die Ärzte erneut, Stammzellen aus meinem Blut zu gewinnen. Wieder ohne Erfolg.

Danach wurde ich in das Spritzen eines anderen Medikaments eingewiesen. Diese sogenannte »Erhaltungstherapie« sollte den Status erhalten, in dem ich mich befand. Jeden zweiten Abend wurde gespritzt. Davor nahm ich schon zwei Benuron, damit das Fieber erst gar nicht ansteigt. Tat es aber doch.

Am nächsten Tag fühlte ich mich hundeelend, am zweiten Tag ging es mir dann recht gut. Doch am Abend wurde ja schon wieder gespritzt.

In diese Phase fiel unser seit Längerem vorbereiteter Umzug, sodass die Fahrten zu den Kliniken nun jeweils um 30 Kilometer kürzer waren.

Allmählich vergrößerten sich die Lymphknoten, und nach 16 Monaten Spritzen stand ich wieder ganz am Anfang. Noch dazu mit einem durch die vorausgegangenen Therapien stark geschwächten Körper.

Heute sehe ich diese vielen Enttäuschungen in genügendem Abstand. Aber damals wusste ich ja noch nicht, dass ich all diese Prüfungen erst durchleiden musste, um wieder gesund zu werden. Mein Lebenswille drohte allmählich zu erlahmen.

Eine Chemotherapie in Tablettenform wirkte anfangs recht gut und ohne größere Nebenwirkungen. Ich glaubte schon, diese Tabletten endlos weiternehmen zu können. Aber das war ein Irrtum: Schon bald mussten Infekte und hohes Fieber mit Infusionen im Krankenhaus behandelt werden, später kam dazu auch noch eine Gürtelrose. Und dann die vielen Krämpfe, Tag und Nacht. Ich brauchte nur zu husten oder ein Bein zu strecken, schon zogen sich die Muskeln schmerzhaft zusammen.

Diese Therapie konnte also nicht weitergeführt werden. Aber dann sind die Lymphknoten doch gleich wieder da! Was passiert dann mit mir, war meine bange Frage.

Es gibt noch andere Mittel, womit wir den Tumor in Schach halten können, war die Antwort der Ärzte.

Inzwischen hatte ich aber von einer ganz neuen Therapie gehört: Durch Infusionen auf Eiweißbasis wird ein Antikörper in die Blutbahn gebracht, der sich an jede einzelne Tumorzelle andocken und diese dann vernichten soll. Inzwischen griff ich nach jedem Strohhalm. So sprach ich mit meinem Stationsarzt über die Möglichkeit dieser Therapie.

Die sei erst in diesem Monat in Deutschland überhaupt zugelassen worden, sagte er. Allerdings passe sie genau auf meinen Tumor. Aber bisher werde sie nur verabreicht, wenn ... Er sprach nicht weiter.

Wenn der Patient austherapiert ist, vollendete ich seinen Satz, und das bin ich ja bald.

Fünf Jahre kämpften die Ärzte und ich nun schon gegen diesen Tumor. Keine Methode hatte dauerhaften Erfolg gehabt. Deshalb entschied sich die Ärztekonferenz für diese Therapie. Doch zunächst musste die Krankenkasse diesem Antrag zustimmen, was sie zum Glück auch tat.

Diese Therapie hat eine einzige Schwierigkeit: Reagiert der Patient auf das Eiweiß allergisch, dann wird es wirklich kritisch. Das war mir bewusst. In fieberhafter Spannung hielt ich den Atem an, als mir diese erste Infusion angelegt wurde.

Ein Krankenpfleger saß an meinem Bett und maß ständig Blutdruck und Temperatur. Der Notfallkoffer stand in Reichweite. Die Ärzte waren in Bereitschaft.

Langsam, Tropfen für Tropfen, gelangte dieses Medikament in mein Blut. Nach zwei Stunden war der Spuk vorbei, und mir ging es richtig gut. Keine Spur einer allergischen Reaktion.

Anfangs wagte ich nicht auf Heilung zu hoffen, dachte, dies ist auch nur wieder eine vorübergehende Phase. Dankbar war ich für jeden Tag, an dem ich morgens aufwachte, dankbar war ich der Sonne für jeden Strahl, den sie zu mir schickte. Glücklich war ich für jede Stunde, die ich mit mir lieben Menschen verbringen durfte. Und ich fand wieder Gefallen am Essen. Die Geschmacksnerven erholten sich, so wie vieles andere auch. Ich konnte wieder längere Zeit gehen, und wir fuhren oft in den Süden. So kam ich schnell über diese ersten Monate des Misstrauens hinweg und bin nun in einer Zeit angekommen, in der ich nicht nur für den Augenblick, sondern wieder in weitere Zukunft planen kann.

Die letzte von vier Infusionen erhielt ich am 07. August 2001 – vor beinahe drei Jahren. Daran, dass ich jetzt schon zwei Wochen zu Fuß auf dem Jakobsweg unterwegs bin, kann man ermessen, wie gründlich sich mein Körper von den Strapazen der vorangegangenen Jahre erholt hat.

»Und dennoch, Krebs ist heilbar.« Diesen prägenden Satz sagte Frau Dr. Mildred Scheel anlässlich einer öffentlichen Fernsehveranstaltung. Eben hatte sie im Rahmen dieser Veranstaltung für die Deutsche Krebshilfe e.V. einen Scheck über Spendengelder entgegengenommen; jetzt stand sie vor vollem Saal oben auf der Bühne, ganz allein mit nichts als einem Mikrofon in der Hand. Unter dem Leitsatz »Wir dürfen die Krebskranken und ihre Familien nicht alleine lassen« hatte Frau Dr. Scheel im September 1974 diese Initiative ins Leben gerufen und mit all ihrer persönlichen Kraft vorangetrieben. Mit ihren stets mahnenden Worten »Gehen Sie zu den Vorsorgeuntersuchungen« verließ Frau Dr. Mildred Scheel an diesem Abend die Bühne. Im Lauf meiner Krankheit gingen mir diese Bilder und ihre Worte oft durch den Kopf: »Und dennoch, Krebs ist heilbar.«

In meinem Fall, so kann ich voller Dankbarkeit sagen, hat sich dieser Satz bewahrheitet.

Ist es das Fieber, das mich alle Stationen meiner Krankheit nochmals durchleben lässt? Oder habe ich doch schon eine Tablette zu viel genommen? Ich weiß es nicht. Fest steht nur: Dass ich jetzt die wunderbare Erfahrung des Pilgerns machen kann, verdanke ich der Beharrlichkeit medizinischer Forschung. Viele Hoffnungen verknüpfen sich mit diesem Medikament, und es könnte ein Mittel der Zukunft werden. Nicht nur für das Lymphom.

Ziemlich genau vor sieben Jahren, im Mai 1997, kaufte ich mir das Buch über den Jakobsweg: »Der Weg ist das Ziel«. Im Juni war ich schon krank und musste mein Vorhaben, nach Santiago zu pilgern, aufgeben. Vielleicht gerade deshalb wurde dieses Buch mein engster Begleiter. Ich kannte jeden Weg und jede Abzweigung, so oft hatte ich darin gelesen. Später, als mir die Konzentration zum Lesen abhandengekommen war, blätterte ich nur noch darin herum und lernte die Ortsnamen und Entfernungen auswendig. Je mehr meine Lebenskräfte schwanden, desto mehr klammerte ich mich an dieses Buch, wie ein Ertrinkender an ein Stück Holz. Das Gehen auf dem Jakobsweg wurde mir zum Symbol für alles, was ich im Leben noch erreichen wollte, wenn mir die Zeit gegeben würde.

Weil es mich durch all die Jahre meiner Krankheit begleitet hat, ist dieses Buch für mich von einer ungeheuren Bedeutung. Es ist eine Mischung aus Erinnerungsstück und Kultobjekt und bleibt unabdingbar mit meiner mir neu geschenkten Lebenszeit verknüpft. Deshalb ist es auch jetzt, wo ich meinen nicht gelebten Traum wahrmache, mein ständiger Begleiter.

Die Sonne blinzelt zum Fenster herein und wirft kleine Muster über meinen Schlafsack. Ich reibe mir die Augen. Nun sollte ich aber aufstehen, denke ich. Müde vom langen Liegen strecke ich meine Glieder und schaue hinaus zum Fenster in den blauen Himmel. Eine kleine weiße Wolke zieht vorüber. Augenblicklich schlafe ich ein und wache erst wieder auf, als eine Gruppe Pilger in mein Zimmer kommt.

Buen Camino, du bist aber früh da, sagt der Mann, der heute Nacht über mir schlafen wird.

Nein, nein, wehre ich ab, ich bin von gestern übrig geblieben.

Als ich später schließlich aufstehe, kommt mir der ältere Herbergswirt schon entgegen und fragt mich, ob ich heute überhaupt schon was gegessen hätte.

Nein, ich habe bis jetzt geschlafen, antworte ich, aber ich will jetzt einkaufen.

Die Geschäfte seien jetzt zu, sagt er, aber ohne Essen lasse er mich nicht gehen. Warten Sie, sagt er, ich gebe Ihnen etwas Suppe, und reicht mir einen Teller mit einer wohlduftenden Gemüsesuppe mit etwas Reis darin. Langsam löffele ich den Teller leer, ich will ja nicht gierig erscheinen. Aber da schöpft er schon nach. Ich bedanke mich für dieses köstliche Mahl und frage, ob die spanische Frau – sie scheint seine Partnerin zu sein – die Suppe gekocht hat. Er nickt bejahend.

Draußen empfängt mich die helle Nachmittagssonne und hüllt mich in ihre Wärme ein. Auf einer Bank vor der Herberge lasse ich mich eine Weile von ihr bescheinen. Danach fühle ich mich innerlich gestärkt, wie neugeboren. Das Grün des Waldes schärft meine Sinne. Das Plätschern eines kleinen Gewässers mischt sich mit dem Gesang der Vögel. Ich bin wieder ich selbst, *una peregrina* auf dem Camino nach Santiago de Compostela.

Buen Camino! Pilger kommen ins Haus, andere gehen weiter. Vielleicht wollen sie noch bis Samos, zu dem Kloster, das auch meine nächste Station sein sollte. Aber Samos liegt etwas abseits, und in diesem Jahr sind so viele Pilger unterwegs, dass die Betten dort oben schon belegt sein könnten. Dann wüsste ich nicht, wohin. Ich beschließe spontan, meine Planung zu ändern.

Doch zunächst schlendere ich langsam durch den Ort. Der Schmerz ist wieder da, er konzentriert sich auf die linke Ferse. Ich verwünsche meine Stiefel und hätte jetzt viel lieber leichte Sandalen an den Füßen. Wahrscheinlich ist die große Herberge am Ortseingang schon wieder belegt, denn es kommen mir so viele Pilger entgegen. Junge Pilger lagern auch auf der kleinen Wiese bei der Kirche, die auch Teil des Friedhofs ist. Sogar auf der Empore in der Kirche richten sich Pilger ihr Nachtlager her. Ob das den Einheimischen gefällt, frage ich mich, dass in ihrer Kirche und so nahe an den Gräbern ihrer Ahnen Fremde nächtigen?

Als ich zurückkomme, steht vor der Herberge ein holländischer Kleinbus. Radfahrer sind dabei, ihre Räder einzuladen. Die Gruppe scheint glücklich und zufrieden, jeder Ankömmling wird fröhlich begrüßt. Manche allerdings erfrischen sich nur und fahren gleich weiter. Dann fährt auch der Bus ab; auch ich sage *Buen Camino* und winke ihnen nach. Die herzliche Freundschaft innerhalb dieser Gruppe ist ganz offensichtlich, und ein klein wenig beneide ich sie.

Doch ich spüre, wie meine Kräfte zurückkehren und der Schmerz im Fuß nachlässt. Ich bin fest entschlossen, meinen Weg als einsame *peregrina* fortzusetzen.

Abends halte ich meinen Fuß noch lange unter kaltes Wasser, reibe ihn mit Voltaren ein und nehme wieder ein Antibiotikum. Fünf Tage soll man sie ja nehmen – sicher ist sicher, denn ich möchte nicht noch einen Tag im Bett verbringen.

Von Triacastela nach Sarria

Keine Straße ist lang
mit einem Freund an der Seite.
Aus Japan

Am frühen Morgen bereiten wir Pilger uns wieder auf diesen Tag vor: Heute bin ich wieder dabei! Manche sind schneller, ich bin etwas langsamer. Gerade will ich zur Tür hinaus, als der ältere Herbergswirt mich am Rucksack hält und sagt: Sie fahren doch heute mit dem Bus? Da drüben ist die Haltestelle, er fährt in zehn Minuten ab.

Ja, antworte ich gedehnt, weil ich mir gar nicht sicher bin. Während ich langsam zur Haltestelle hinübergehe, atme ich tief die kühle, frische Luft ein und schaue mich um.

Ich sehe die saftig grünen Felder und die Pilger, die da vorne rechts im Wald verschwinden.

Und dann – wie soll ich etwas erklären, das sich nicht erklären lässt? Von einer Sekunde auf die andere sind alle Zweifel verschwunden. Unvermittelt wende ich mich dem Camino zu, folge dem Gesang der Vögel und dem Ruf des Kuckucks, und schon bin ich auf dem Waldweg. Rechts neben mir stürzt ein kleiner Bach zu Tal, und es zählt nur noch die Lust, weiterzuwandern und neue Entdeckungen zu machen. Zufrieden mit mir und der Welt stapfe ich munter drauflos.

Wenig später finde ich auf dem Weg den Pilgerpass einer

Engländerin, in einer Plastikhülle zusammen mit allen anderen wichtigen Papieren. Soll ich ihn an einen Baum hängen oder besser liegen lassen? Ob ihn die Frau wohl erst heute morgen oder nicht vielleicht schon gestern verloren hat?

Da kommt mit schnellen Schritten eine Pilgerin an mir vorbei. Sie grüßt, sie ist aus Deutschland. Ich reiche ihr die Plastikhülle entgegen und sage: Der Ausweis, Krankenversicherung und ein Flugticket sind da drin! Ob sie das nicht mitnehmen könne. Sie sei ja viel schneller als ich und würde bestimmt noch viele Pilger überholen.

Nein, wehrt sie ab, sie wisse ja auch nicht, was sie damit machen solle, und geht weiter. Dann aber dreht sie sich noch mal um und sagt, ich kann ja alle ansprechen, die ich treffe, vielleicht ist die Richtige dabei.

Und etwa eine Stunde später läuft mir wild gestikulierend ein Spanier entgegen. Seine Sprache ist genauso aufgeregt wie seine Gesten; ich verstehe kein Wort und drücke ihm einfach nur die Plastikhülle in die Hand. Ebenso wortreich bedankt er sich und eilt zurück. Später, nach einer Wegbiegung bei einem halb zerfallenen Haus, wartet die Engländerin; er ist schon bei ihr. Im Vorübergehen winke ich ihnen erleichtert zu. Sie hat ihre Papiere, und ich bin von der Verantwortung erlöst.

Ein Hohlweg führt stetig bergan. Die kleinen Hänge rechts und links sind mit Pflanzen überwuchert. Kleine weiße und rote Blümchen drängen sich dazwischen hervor, Moose sind darunter und Grün rankt sich an anderem Grün empor. Sogar ein kleines Pferdefuhrwerk kommt mir entgegen. Ich trete zur Seite, etwas den Hang hinauf.

Schon von Weitem ist die riesige Jakobsmuschel am Ende des Hohlweges zu erkennen. Gelbe Streifen weisen wie Strahlen einer aufgehenden Sonne hinauf zum Himmel. Es handelt sich um einen Brunnen. Auf den hübsch angelegten Bänken im Halbkreis rasten viele Pilger. Fotos werden gemacht, jemand fotografiert auch mich. Ich fülle meine Wasserflasche, nicht ahnend, dass dies die letzte Wasserstelle vor Sarria sein wird.

Der Weg wird immer unbequemer, entweder führt er bergauf oder aber sofort wieder steil hinunter. Zwischen den Steinen fließen kleine Rinnsale hinab, der Pfad ist matschig und sehr unsicher zu gehen. Das Gehen ist sehr anstrengend, immer öfter bleibe ich stehen und trinke einen Schluck. Schnell geht das Brunnenwasser zur Neige.

In einem Tal stehen einige Häuser. Ein Kirchturm mit Friedhof drumherum überragt sie. Später passiere ich zwei oder drei kleine Weiler. Nirgends sehe ich einen Bewohner. Das wäre mir aber im Moment auch nicht so wichtig. Schlimmer ist: Es gibt auch weit und breit keinen Brunnen.

Es ist heiß, sehr heiß, und ein Pilger vom Nordkap sagt, er träume von der Kühle und dem Schnee seiner Heimat. Unter einem Baum sitzen Tom und Elisabeth. Besorgt zeigt mir Elisabeth ihr Knie, das sehr stark geschwollen ist. Eigentlich dürfte sie es nicht mehr belasten. Sie ist sehr niedergeschlagen. Tom könnte ja vielleicht vorgehen, meine ich, und sie dann mit einem Taxi von hier abholen. Aber leider kann ich den beiden nicht wirklich helfen, und ich muss auch weiter. In einem zaghaften Versuch, sie aufzumuntern, sage ich, *Buen Camino a Santiago,* aber sie schüttelt nur den

Kopf, umarmt mich und wünscht mir einen guten Weg. Wir winken uns zum Abschied zu. Immer noch winkend, gehe ich um die nächste Wegbiegung.

Wieder nähere ich mich einer kleinen Ansiedlung, die sogar über ein kleines Gasthaus verfügt. Auf engstem Raum drängen sich die Pilger. Der Wirt und eine Frau in der Küche haben alle Hände voll zu tun. Um etwas zu bestellen, müsste ich mich mit den Ellbogen an die Theke durchdrängen und laut rufen. Ich bin schon so schlapp und von der Hitze benommen, dass mir das im Moment unmöglich scheint. So trotte ich weiter, ohne mir Wasser zu kaufen, in der vagen Hoffnung, dass irgendwann schon ein Brunnen kommen wird. Ich folge nicht der Vernunft, sondern der dumpfen Gewöhnung des Körpers an die Strapazen des Weges.

Natürlich kommt keine Wasserstelle. Ich habe keinerlei Gefühl mehr dafür, wie viele Stunden ich schon gegangen bin, ohne zu trinken.

Meine Kräfte lassen nach. Erschöpft setze ich mich auf die Mauer einer Wiese und beobachte einen recht alten Schäfer, der einen jungen Hund trainiert. Die Aufzucht von Hirtenhunden ist eine Wissenschaft für sich, philosophiere ich, um mich von dem unerträglichen Durst abzulenken, und braucht einen erfahrenen und einfühlsamen Hirten. Immer wieder aufs Neue umkreist der Hund eine kleine Schafherde. Die armen Schafe sind schon ganz eingeschüchtert und beschützen die Lämmer in ihrer Mitte.

Irgendwann gelingt es mir, mich von dem Anblick loszureißen. Schritt für Schritt schleppe ich mich weiter vorwärts. Die schmerzende Ferse spüre ich schon gar nicht mehr. Wenn ich doch nur Wasser hätte, Wasser, Wasser, Wasser!

Ein junges Paar geht an mir vorbei. Sie bleiben dann aber stehen und kommen zu mir zurück. Er bietet sich an, meinen Rucksack zu nehmen. Aber er kann ja nicht zwei tragen, und so lehne ich dankend ab. Doch sie gehen mit mir, und er stützt mich, wenn es mal wieder plötzlich steil bergab geht. Sie sind aus Australien. Ihr Englisch kann ich gut verstehen. Unentwegt beschäftigen sie mich mit ihren Fragen, und ich antworte, so gut ich kann. Immerhin lenken sie mich von meinem schmerzenden Körper ab.

Ja, er ist ein lieber Mann, über 40 Jahre bin ich verheiratet, ja, glücklich. Ich, ach ja, ich bin 63. Mein Sohn ist Professor.

Wirklich Mathematik?

Ja, Mathematik, er spielt gut Schach und gern Klavier.

Und der andere Sohn?

Er ist tot.

Ich bin schon so erschöpft, und sie meinen es so gut damit, mich auf andere Gedanken zu bringen, dass mir gar nicht einfällt, sie um Wasser zu bitten. Dünnhäutig vor Entkräftung, weine ich jetzt sogar um meinen verlorenen Sohn. Der junge Australier tröstet mich, hält meine Hand und zieht mich weiter.

Die beiden haben es sich zur Aufgabe gemacht, mich bis zu der Herberge in Calvor zu bringen. Und endlich sind wir da, links neben der Straße steht einsam diese Herberge. Wir umarmen und küssen uns. *Good luck, you are a brave woman,* sagen sie. Dann überqueren sie die Straße, winken mir noch einmal. Ich kenne noch nicht mal ihre Namen. Habe ich vergessen, sie zu fragen?

Ich wende mich der Herberge zu.

Vor der Tür sitzt ein junges Mädchen. Die Herberge ist zu, sagt sie.

Aber um 16 Uhr macht sie doch auf, frage ich.

Nein, ich glaube, hier ist Fiesta, lies mal den Zettel da am Fenster. Sie nimmt ihren Rucksack und geht die Auffahrt hinunter zur Straße zurück.

Ich konzentriere mich auf diesen Zettel. Aus dem Text verstehe ich, dass diese Herberge wegen einer Fiesta in den nächsten drei Tagen geschlossen ist. Wie kann sie gerade jetzt geschlossen sein, wo so viele Pilger unterwegs sind! Ich lese den Zettel noch einmal genau durch. Am Ende bin ich mir nicht sicher, ob sie wirklich geschlossen bleibt, aber auch nicht sicher, ob sie um 16 Uhr geöffnet wird.

Wenn hier wenigstens ein Wasserhahn wäre, denke ich verzweifelt. Aber das Grundstück ist nach hinten durch ein hohes Tor und hohe Zäune abgeschirmt.

Sarria, geht es mir durch den Kopf. Du musst noch bis Sarria!

Seit Stunden habe ich nichts mehr getrunken. Ich fühle mich wie ausgetrocknet, und die Nachmittagshitze kennt keine Gnade.

Wieder ist der Pilgerweg neben der Straße in kleinen Hügeln angelegt. Ein paar Schritte hinauf, ein paar Schritte hinunter. Das schaffe ich nicht mehr; ich gehe auf der Straße. Doch die Sonne brennt erbarmungslos auf den Asphalt, während am Gehweg wenigstens Bäume stehen. So gehe ich dann doch wieder über diese kleinen Hügelchen – im Schatten.

Mühsam taste ich mich vorwärts und zähle die Bäume. Bei jedem fünften bleibe ich stehen und stütze mich am

Baum ab, um auszuruhen. Den Rucksack abzunehmen oder mich etwa ins Gras zu setzen, erscheint mir zu mühsam.

Schon seit einer Weile sehe ich die Häuser von Sarria vor mir wie eine Fata Morgana, doch es scheint, als käme ich der Stadt nicht näher. Wieder halte ich mich an einem Baum fest. Eine Gruppe junger Pilger kommt des Weges. Munter und fröhlich unterhalten sie sich, ihr Schritt ist gleichmäßig schnell. Ach, wie sehr ich sie beneide! Nicht unbedingt um ihre Jugend, aber um ihre Kraft.

Ich dagegen kann mich kaum mehr auf den Beinen halten. Da wendet sich mir im Vorübergehen ein junger Mann zu und packt mich bei den Schultern. Er sieht mir so direkt ins Gesicht, dass ich gezwungen bin, auch ihn anzusehen.

Wasser, du musst trinken, sagt er, zieht seinen Wassersack hervor und hält ihn mir an die Lippen. Trink, trink, sagt er, aber ich spucke das Wasser wieder aus und auch die nächsten Schlucke. Dann endlich kommt das erste Wasser im Magen an und gurgelt und brodelt darin herum.

Er ist Franzose, ein sehr gut aussehender junger Mann. Merkwürdig, ich glaube jedes Wort zu verstehen, obwohl er französisch spricht.

Ach, du hast kein Wasser! Er greift in die Seitentasche meines Rucksacks nach der Flasche. Ich werde starr vor Schreck, weil mir der Rotwein einfällt, den ich immer noch in der einen Flasche habe und schon zwei Tage mit mir rumtrage. Den hätte ich längst wegschütten sollen.

Aber er zieht zum Glück die leere Flasche heraus, sodass ich mich nicht auch noch für mein selbst verschuldetes Elend schämen muss. Dann füllt er sein Wasser in meine Flasche um und bringt mich etwas abseits unter einen

Baum. Dort drückt er mich ins Gras und bedeutet mir, hier mindestens 20 Minuten zu ruhen. Mit den Worten: Du musst trinken, immer wieder trinken, gibt er mir die Wasserflasche in die Hand.

Seine Gruppe, aus der er ganz plötzlich ausgeschert ist, um mir zu helfen, hat vor einer Wegbiegung auf ihn gewarte. Ich sehe ihm nach, wie er mit schnellen Schritten zu ihnen geht.

Später werde ich sagen: Ein Franzose rettete mir vor Sarria das Leben. Ich weiß, das klingt sehr theatralisch. Aber ich bin nicht einmal sicher, ob es übertrieben ist, denn es ging mir wirklich nicht gut.

Von Calvor bis Sarria sind es nur fünf Kilometer. Trotzdem habe ich für diesen Weg drei Stunden gebraucht. Jetzt muss ich auch noch durch die Außenbezirke, denn die Herberge ist nicht, wie bei mir beschrieben wurde, am Anfang von Sarria. Die Straße zieht sich immer mehr in die Länge, außerdem vermisse ich die gelben Pfeile. In einer Touristik-Information will ich mich nach dem Weg erkundigen. Das Büro ist klimatisiert und so angenehm kühl! Erschöpft sinke ich in einem Sessel nieder. Zwei junge Frauen beschreiben mir den Weg, sind dann aber ratlos, weil ich keine Anstalten mache, zu gehen. Also fragen sie mich, ob ich einen Arzt benötige, und bringen mir ein Glas Sprudel. Ich bleibe noch eine Weile in der Kühle des Raumes und erhole mich recht gut.

An dem beschriebenen Fluss steht auch eine Kirche. Schon denke ich, ich sei angekommen. Aber zwei Pilger sagen mir, ich müsse erst noch die Treppe da rauf, dann sei die Kirche mit der Herberge gleich rechts.

Ungefähr 30 Stufen und kein Schatten! Mich an der linken Hauswand abstützend, bezwinge ich nun auch noch diese Treppe. Aber sie haben kein Bett mehr für mich.

Jetzt weiß ich mir nicht mehr zu helfen. Völlig benommen setze ich mich auf den einzigen Stuhl in diesem kleinen Büro. Auch die Pilger, die nach mir kommen, müssen alle weitergehen. Ich aber bin unfähig, auch nur einen Schritt zu machen, und bleibe sitzen.

Die Straße weiter hinauf wäre eine private Herberge, sagt man mir. Noch weiter bergauf, das kann ich nicht. Ich bleibe weiter sitzen. Aber dann kommt mir ins Bewusstsein, dass mir die Zeit davonläuft und dort vielleicht auch schon alle Betten belegt sind.

Aber nirgends ist ein öffentlicher Hinweis zu dieser *albergue*. Weil ich nicht weiter durch die Straßen irren will, frage ich eine ältere spanische Frau. Sie ist sehr freundlich, nennt mich *hija* und bedeutet mir, ich solle mit ihr kommen, sie habe schöne Zimmer. Später sehe ich in meinem Wörterbuch nach: *Hija* heißt Tochter. Eine junge argentinische Pilgerin kommt hinzu und handelt einen Preis von acht Euro aus.

Gemeinsam folgen wir der alten Dame. Erst geht es an einer Baustelle entlang. Was soll danach noch kommen, denke ich misstrauisch. Doch schon stehen wir vor ihrem Haus; sie öffnet die neue, glänzend weiße Haustür und führt uns eine geschwungene Treppe aus feinem Holz hinauf.

Zunächst zeigt sie ihr Wohnzimmer, durch welches man in ein ganz sauberes, frisch gekacheltes Bad gelangt. Eine weitere Treppe hinauf, öffnet sie erst rechts eine Tür für mich, links ist das Zimmer für die Argentinierin.

Wie eine Oase in der Wüste erscheint mir dieses kleine Zimmer mit dem großen Bett, einem Nachtschrank, einem Tisch und zwei Stühlen. Es ist blitzsauber, die Wände frisch gestrichen. Durch das offene Fenster schaue ich auf die Kirche. Der Kirchturmzeiger steht auf fünf Uhr, die Glocken beginnen gerade zu läuten.

Als Erstes muss ich mir den Schweiß vom Körper waschen. Schnell nehme ich mein Waschzeug, wer weiß, wer noch alles duschen will, und hinke die Treppe hinunter. Tatsächlich begegne ich auf dem Flur einem Engländer, einem älteren Herrn, der ganz offensichtlich auch ins Bad will. Als hätte meine Gastgeberin mich erwartet, steht auch sie im Flur. In einem überraschend energischen Tonfall sagt sie zu dem Herrn: *Señor, primero la señora,* und mit einer leichten Verbeugung in meine Richtung fordert sie mich auf, vor ihm ins Bad zu gehen.

Warmes Wasser rieselt über meine Haut, und langsam kehren meine Lebensgeister zurück. Leider kann ich mir nicht allzu viel Zeit lassen, dennoch wasche ich noch schnell meine getragene Wäsche.

Wieder ist das linke Fußgelenk stark geschwollen. Ausgerechnet in die Achillessehne hat sich die Entzündung verkrochen, sie schmerzt sehr. Aber es nützt nichts, darüber zu jammern! Ich reibe den Fuß mit Voltaren ein und ziehe einen elastischen Schutz darüber. Ich rechne kurz nach: Heute ist der dritte Tag mit Antibiotika. Heute Abend, morgen früh und morgen Abend werde ich jeweils noch eine Tablette nehmen, dann muss es genug sein.

Wenn ich heil in Santiago ankommen will, muss ich wenigstens morgen wieder mit dem Bus fahren. Obwohl mir das Gehen sehr schwerfällt, erkunde ich deshalb noch den Weg zum örtlichen Busbahnhof. Als ich durch Sarria hinke, wird mir noch einmal deutlich gemacht, was für ein Glück ich mit meinem Privatzimmer habe: Der große Run auf die Herbergen reißt und reißt nicht ab; es sind immer noch viele Pilger unterwegs, obwohl es jetzt schon nach 20 Uhr ist. Sie alle haben kein Bett und müssen noch fünf Kilometer weiter.

In einem Supermarkt kaufe ich ein und nehme sogar ein Stück leckeren, süßen Kuchen mit. In meinem schönen, ruhigen Zimmer decke ich mir den Tisch und esse nach Herzenslust.

Von Sarria nach Portomarín

> Die Dinge sind nie so, wie sie sind.
> Sie sind immer das, was wir aus ihnen machen.
> *Jean Anouilh*

Frisch erholt und voller Neugier auf diesen Tag wache ich früh um fünf Uhr auf. Bis der Bus fährt, habe ich noch zwei Stunden Zeit. Beim Verlassen meiner Oase schaue ich mich noch einmal um. Oh je, mein Kreuz liegt noch auf dem Tisch! Beinahe hätte ich es vergessen. Peter hatte es mir extra in Kevelaer gekauft und mir um den Hals gehängt mit den Worten: Das soll dich auf deinem langen Weg beschützen.

Es ist ein gutes Stück Weg bis zum Busbahnhof, und ich bin froh, ihn gestern schon gegangen zu sein. Denn so früh begegnet mir kaum jemand auf der Straße; es wäre schwierig, mich durchzufragen.

Am Busbahnhof treffe ich Mary und John. Welch ein Zufall! Seit León hatten wir uns nicht mehr getroffen. John geht es wieder gut, wie ich sehe, und er bestätigt das auch. Drei Tage musste er in dem Krankenhaus in León zur Beobachtung bleiben. Die Ärzte hätten gesagt, er müsse sein Herz schonen und dürfe es keinesfalls mehr so stark belasten. Deshalb fahren die beiden immer einen Teil der Tagesstrecke mit dem Bus oder Taxi und übernachten nur noch in Hotels.

Wir sind einfach zu alt für solche Strapazen, sagt John, wir müssen auf unsere Gesundheit achten.

Wir wollen ja auch gesund in Santiago ankommen, fügt Mary hinzu und ist glücklich, weil ihr John diesen Schock so gut überwunden hat.

Wir Pilger haben alle den gleichen Weg und dasselbe Ziel. Wir begegnen uns auf dem Camino, übernachten in derselben Herberge, oder man sitzt am gleichen Tisch und kommt ins Gespräch. Es ist die Gemeinsamkeit, die uns trägt. Und gemeinsam erfahren wir, wie wenig man braucht, um glücklich zu sein.

An der Bar des Cafés nehmen wir ein kleines Frühstück. Wie in fast jedem spanischen Lokal läuft der Fernseher und zeigt gerade den Kronprinzen Felipe, wie er seine Arme über die Schultern des heiligen Apostels legt. Auch er, der Prinz, ist ein *peregrino* und hat Santiago schon erreicht.

Um da hinzukommen, nehmen wir all diese Strapazen auf uns. Glücklich halten wir drei uns bei den Händen und sagen *Buen Camino a Santiago.* Bis Ferreiros sitzen sie im Autobus vor mir, noch ein letztes Winken, und ich fahre weiter.

Viel lieber wäre ich zu diesem großen Stausee *per pie* gekommen. Ich hatte mir immer vorgestellt, wie es sein wird, wenn ich nach einem langen Tag des Pilgerns über Berge und durch Wälder dann hier an diesem großen Wasser ankomme. Der Río Mino fließt hindurch, der spätere Grenzfluss zu Portugal. Nun fahre ich in dem Bus über diese lange Brücke, hinüber zu dem Ort Portomarín. Kaum ausgestiegen, fällt mir als Erstes eine schöne, ganz neu gebaute Herberge auf. Zwei Männer reparieren etwas an der Eingangstür. In freudiger Erwartung gehe ich zu ihnen, vielleicht könnte ich meinen Rucksack schon mal abstellen.

No, no, wehren die beiden Männer ab und zeigen über die Straße zu dem alten und heruntergewirtschafteten Gebäude. Ach, es wäre ja auch zu schön gewesen!

Als ich in der alten Herberge meinen Rucksack hinterlege, begegnen mir fünf Radfahrer, die gerade dabei sind, ihr Gepäck zu ordnen.

Wo kommst du denn so früh her, fragen sie, bist wohl mit dem Bus gefahren?

Stimmt, mein Fuß ist nicht in Ordnung. Und wo kommt ihr her?

Aus Mönchengladbach, und es hat noch keiner schlapp gemacht.

Und seit wann fahrt ihr?

Na, seit Mönchengladbach natürlich.

Durch ganz Frankreich und über die Pyrenäen? Und ihr seid noch alle gesund?!

Na klar, wir sind doch Radfahrer, sagt einer. Das macht die gute Pflege von unseren Frauen zu Haus, witzelt ein anderer.

25 Tage sind sie jetzt unterwegs, schlafen aber nur in Hotels. Schließlich seien sie Rentner und bräuchten ihre Nachtruhe, um am nächsten Tag wieder fit zu sein. Kommt, Männer, der Kuckuck ruft, wir müssen los, sagt der Älteste und schwingt sich auf sein Rad. Winkend und lachend fahren sie davon.

Dann rufe ich Peter an und freue mich, seine Stimme zu hören. Meinen Fuß erwähne ich vorsichtshalber nicht, er soll sich ja nicht unnötig Sorgen machen.

Noch ist der Ort ganz ruhig. Alle Pilger sind fort, die Geschäfte noch geschlossen. Eine Zeit lang bin ich mit dem

Apostel Jakobus ganz allein. Aus Stein gehauen, steht er inmitten des Kirchplatzes und weist mit der rechten Hand in die Richtung, in die wir gehen müssen, um nach Santiago zu kommen. Er sieht etwas grimmig aus, finde ich, zumindest sehr energisch, als wolle er sagen: Sprich mich nicht an und geh gleich weiter!

Vor etwa 50 Jahren musste der alte Ort Portomarín der Planung dieses Stausees weichen und ist etwas höher am Berg wieder aufgebaut worden, manche Gebäude sogar Stein für Stein. Als hätte sie niemals woanders gestanden, bestimmt die romanische Wehrkirche aus dem zwölften Jahrhundert das Stadtbild. Ich finde diesen Ort ganz bezaubernd. Sogar mein Pilgerstempel aus der Nikolauskirche hebt sich in seiner Besonderheit von allen anderen Stempeln ab, die ich bisher bekommen habe.

Inzwischen ist es zwölf Uhr. Vor der Herberge reiht sich nun bereits Rucksack an Rucksack. Wir werden auf zwei große Säle mit insgesamt bestimmt über hundert Betten verteilt. Für Frauen und Männer sind jeweils ein kleiner Waschraum mit nur zwei Duschen, zwei Waschbecken und auch nur zwei Toiletten vorhanden. Kein Aufenthaltsraum, keine Küche und keine Möglichkeit zum Waschen oder Trocknen. Sollte es solche Räume einmal gegeben haben, so sind die Türen jetzt verriegelt, wie auch das Tor zu dem großen Innenhof oder Garten, der uns etwas mehr Platz bieten könnte. Diese Herberge, ein ehemaliges Kloster, ist ein Auslaufmodell. Die neue steht drüben, aber wir dürfen noch nicht rein.

Ist das hier ein Stress, höre ich jemanden sagen, im vorigen Jahr waren nur acht Pilger hier. In diesem Jahr aber feiern wir das Heilige Jahr oder Jubileo, also Jubeljahr; das geschieht, wenn der 25. Juli, der Jakobstag, auf einen Sonntag fällt. In einem solchen Jahr kann der Pilger einen vollständigen Ablass seiner Sünden erwarten. Dafür muss er nur 100 Kilometer gelaufen sein, und die beginnen in etwa hier.

Mir wäre es lieber gewesen, in einem ruhigeren Jahr zu pilgern. Ich war sehr erschrocken, als ich mitten in meinen Vorbereitungen feststellen musste, dass 2004 ein Heiliges Jahr ist. Aber vielleicht hätte ich im nächsten Jahr nicht mehr gehen können. Meine Chance wäre vertan gewesen. Und das wollte ich auf keinen Fall riskieren. Die Zeit meiner Krankheit hat mich gelehrt, dass man die wirklich wichtigen Dinge im Leben nicht aufschieben darf.

Den Nachmittag verbringe ich in einer Parkanlage über dem Stausee. Die Aussicht ist ungemein heiter und friedlich. Still liegt der kilometerlange See vor mir, sein Wasser glitzert in der Sonne. Träumend liege ich im Gras, bin völlig von meinem Glück erfüllt und will gar nicht fort von hier. Sehr viele Kinder sind da, die mit großem Eifer sportliche Wettkämpfe austragen, während die Kleinsten an den Geräten auf dem Spielplatz turnen dürfen.

Gegen Abend frischt der Wind auf und schiebt dunkle Wolken über den See. Elisabeth und Tom sind inzwischen angekommen. Bei ihnen ist die Engländerin, deren Pass ich gefunden hatte. Elisabeths Knie ist jetzt bandagiert und nicht mehr ganz so geschwollen. Morgen will sie hier noch mal zum Arzt gehen.

Das kleine Mäuerchen vor dem Eingang begrenzt die bescheidene Außenanlage der Herberge, wo wir uns jetzt zwischen tropfender Wäsche hindurchzwängen müssen. Alles, was sich in diesem Bereich zum Halten von Leinen anbietet, wie Nägel, Ecken, Fensterscharniere und sogar Türgriffe, wird zum Spannen benutzt. Vielfältigste Möglichkeiten bietet die Telefonzelle auf dem Bürgersteig, die vollkommen zugehängt wird.

Mañana, sage ich zu dem Spanier, der seine nassen Sachen noch dazwischenzwängen will, und zeige rüber zu dem neuen Haus.

Er lacht und nickt bestätigend, *sí, sí, mañana,* und streckt seinen Arm in die Richtung, in die wir morgen gehen.

Sí, sí, bestätige ich, morgen müssen wir weiter.

Von Portomarín nach Palas de Rei

Hebt man den Blick,
so sieht man keine Grenzen.
Aus Japan

Wieder mal bin ich die Erste. Vor den Fenstern ist schwärzeste Nacht, der Vorraum nur schwach beleuchtet.

Schmerzhaft drückt der Stiefel gegen die Achillessehne. Der Fuß aber ist nicht mehr gar so geschwollen. Es wird schon gut gehen!

Langsam taste ich mich die steile Straße hinab und habe meine liebe Not, bei diesem Nebel die Fußgängerbrücke über den Stausee zu finden. Gleich geht es rechts wieder einen Waldweg hinauf, kaum sehe ich neben mir die Bäume. Wie steil und lang dieser Weg sein wird, werde ich später noch in den Beinen spüren. Bergauf und bergab gehend, habe ich über 300 Höhenmeter zu überwinden, befinde mich dennoch stetig auf Höhe einer Bergkuppe.

Gegen elf Uhr versperrt mir der Nebel noch immer die Sicht in die Täler. Nur selten stehen ein paar Häuser am Wegrand, aber endlich komme ich zu einem Rastplatz: ein Tisch mit Bänken drumherum. Es ist sonst niemand da, also ziehe ich den Stiefel aus und lege das Bein hoch, nehme frisches Wasser und esse etwas Brot und Käse.

Gemessen an der übervollen Herberge, sind hier nur wenige Pilger unterwegs. Wären nicht die gelben Pfeile, müsste ich annehmen, dass ich einen falschen Weg gewählt habe. Bis sich dann doch fünf junge Männer zu mir setzen. Dass sie aus dem Osten sind, kann ich mir denken, aber ich weiß nicht genau, aus welchem Land.

Aus Russia, aus Moskau, erklärt einer der jungen Männer. Vor dem Mauerfall lebte er mit seinen Eltern in der DDR, deshalb ist er mit unserer Sprache recht gut vertraut. Ob es ihm dort wohl besser gefallen hat als jetzt in Russland? Ich will nicht allzu indiskret sein und vermeide diese Frage, schnüre meinen Schuh und gehe weiter.

Die Begegnung mit den freundlichen jungen Russen hat meine Erinnerung auf Trab gebracht. Während ich weitergehe, fallen mir mit jedem Schritt mehr Details aus meiner Kindheit ein, in der »die Russen« jahrelang eine feste Größe bildeten.

Die Grenzgänge meiner Kindheit

In der russisch besetzten Zone, nahe Magdeburg, lebte meine Großmutter. Wir dagegen im Zonenrandgebiet auf westdeutscher Seite. Uns trennten keine 100 Kilometer. Dazwischen aber lag die Grenze.

Während wir, meine Mutter, meine Schwester und ich, hungerten, hatte Omi für uns alle genug zu essen. Sie war Selbstversorgerin, fütterte Schweine, Hühner und noch so manches Federvieh und bewirtschaftete einen großen Garten. Da lag es nahe, zu ihr in den Osten zu gehen, sooft wir nur konnten, also praktisch in allen Schulferien. Als ich das erste Mal buchstäblich über die Grenze geschmuggelt wurde, damals noch im Harz, war ich fünf und meine Schwester Lisa sieben. Wir mussten mit einem fremden Mann mitgehen, auf einem Baumstamm einen reißenden Gebirgsfluss überqueren und zu guter Letzt einen langen Weg zwischen hohen Tannen ganz allein gehen. Meine Mutter war nicht mitgekommen. Sie musste das Problem des Wohnens lösen und auch wieder Arbeit finden. Zudem kannte ich meine Großmutter gar nicht. Aber Lisa war schon bei ihr gewesen. Das war während meiner langen Krankheit, als Mutti mich Tag und Nacht pflegen musste und sich kaum mehr um Lisa kümmern konnte.

Es war unser Glück, dass wir gerade in diesem Herbst bei unserer Großmutter waren. Ein Schutzengel muss seine Hand über uns gehalten haben. Denn auf diesen Herbst sollte der kälteste Winter seit Menschengedenken folgen. In diesem Jahr fror sogar der Rhein zu. Es war so bitterkalt, dass uns die Hosen an den Beinen gefroren, sobald wir nur eine halbe Stunde draußen waren. Tatsächlich konnten wir die Hose, wenn wir sie ausgezogen hatten, richtig auf die Beine stellen.

Aber wir litten keinen Hunger wie so viele andere und hatten genug Brennholz. Den Ofen in der Küche ließ Omi gar nicht mehr ausgehen. Erst im Frühjahr, als das Schlimmste vorbei war, sind wir Mädchen ganz allein mit dem Zug wieder zu unserer Mutter nach Westdeutschland gefahren.

Omi war furchtbar nervös, als sie uns zum Bahnhof brachte, und fuhr auch noch bis Magdeburg mit uns. Mutti war inzwischen umgezogen, und Lisa sollte andauernd diesen Ort nennen, bei dem wir aussteigen mussten.

Um Gottes willen, steigt nicht vorher aus, beschwor Omi

uns. Und wenn euch irgendjemand fragt, Lisa, dann antwortest nur du. Elke, du hältst deinen Mund, hast du verstanden. Mit deinem losen Mundwerk bringst du uns sowieso noch mal in Teufels Küche.

Später, als die politische Situation in der DDR immer kritischer wurde, sollte sie zu meiner Mutter dasselbe sagen: Tochter, sprich du mit ihr, das Kind bringt uns noch in Teufels Küche.

Ich protestierte dann immer: Ist doch wahr, was ich sage!

War es auch. Nur aussprechen durfte man es nicht, aber das verstand ich als Kind noch nicht.

In den folgenden Jahren sind wir nur schwarz über die Grenze gegangen. Ob wir nun die vier Kilometer erst zu unserem Bahnhof gingen oder gleich über Oebisfelde, machte kaum einen Unterschied. Mitten auf der Allerbrücke war die Grenze. Dort stand ein Posten. Mit einem höflichen »Guten Tag« und einem weiteren Schritt waren wir dann drüben. Die eigentliche Kontrolle fand nach dem Grenzübergang auf den nächstgelegenen Bahnhöfen statt, so wie in den ersten Jahren nach dem Krieg auch in Westdeutschland die Bahnhöfe einer besonders gründlichen Kontrolle unterlagen. Und um da nicht reinzugeraten, ging Mutti grundsätzlich zu dem übernächsten Bahnhof oder zu einem noch entfernteren. Nur einmal kam es auf einem Bahnhof zu einer Schießerei. Aber Mutti behielt die Übersicht und konnte uns, verdeckt durch ein Gebäude, zur Straße bringen.

Auf dem Rückweg wurden wir dann nicht so einfach durchgelassen, sondern wegen fehlender Papiere zur Kommandantur gebracht. Es ging der Reihe nach, wir waren

CAPITULUM hujus Almae Apostolicae et Metropolitanae Ecclesiae Compostellanae sigilli Altaris Beati Jacobi Apostoli custos, ut omnibus Fidelibus et Peregrinis ex toto terrarum Orbe, devotionis affectu vel voti causa, ad limina Apostoli Nostri Hispaniarum Patroni ac Tutelaris **SANCTI JACOBI** convenientibus, authenticas visitationis litteras expediat, omnibus et singulis praesentes inspecturis, notum facit: Dnam. Elke Sauer

hoc sacratissimum Templum pietatis causa devote visitasse. In quorum fidem praesentes litteras, sigillo ejusdem Sanctae Ecclesiae munitas, ei confero.

Datum Compostellae die 22 mensis Maii anno Dni 2.004. Annus Sanctus

Secretarius Capitularis

Die Pilgerurkunde in lateinischer Sprache, die ich bei meiner ersten Ankunft in Santiago de Compostela erhalten habe (Seite 152)

Blick auf Hontanas zwischen Hornillos del Camino und Castrojeriz (Seite 32)

Steinhaufen bilden
Markierungen auf
dem Weg nach
Castrojeriz (Seite 34).

Ich stehe neben dem Grenzstein der Provincia de Palencia (Seite 42).

Metallskulpturen in ländlichem Ambiente in Boadilla del Camino (Seite 42)

Die alte Steinbrücke über den Río Cea in Sahagún (Seite 53)

»Pilger-Stillleben« in der Herberge von El Burgo Ranero (Seite 54)

Wer wenig Gepäck hat, muss oft waschen – so hier in El Burgo Ranero (Seite 55).

Störche sind stete Wegbegleiter. Diese brüten auf einem Kirchengiebel in Hospital de Órbigo (Seite 64ff.).

Ein typisches Bild des Camino mit gelbem Ginster in der Nähe von Astorga (Seite 69)

Das weithin sichtbare Kreuz von Santo Toribia mit Blick auf Astorga (Seite 70)

Der Blick ins Weite nahe Cacabelos lässt die Höhenunterschiede auf dem Camino ermessen (Seite 76).

Alles, was Pilger so brauchen, ist an der Hauswand der Herberge von O Cebreiro aufgereiht (Seite 81).

Blick ins Land von der 1300 Meter hoch gelegenen Keltensiedlung
O Cebreiro (Seite 82)

Eine Begegnung im Morgenlicht auf dem Weg von O Cebreiro nach
Triacastela (Seite 86)

Der Muschelbrunnen auf dem Weg nach Sarria – leider kamen danach keine Brunnen mehr (Seite 110).

Die Schönheit dieses Sonnenaufgangs in Arzúa bringt mich ins Straucheln (Seite 141).

Pilger warten vor der Heiligen Pforte, um der goldenen Skulptur von St. Jakobus die Arme über die Schultern zu legen (Seite 160).

Meine kleine rote Tasche vor der großen Kathedrale von Santiago – man sieht, dass ich da war (Seite 160)!

Zwei Jahre später stehe ich am Balcón del Pirineo, oberhalb von San Juan de la Peña (Seite 189).

Eindrücke wie dieser Sonnenuntergang in Arrés machen das Pilgern unvergesslich (Seite 196).

Kein Schatten außer meinem eigenen in der Hitze auf dem Weg nach Artieda (Seite 198)

Trotz der Hitze zeigt sich der Camino auf dem Weg nach Artieda auch von seiner lieblichen Seite (Seite 198).

Ein typischer Schlafsaal in der Herberge von Monreal (Seite 210)

Die berühmte Brücke von Puente la Reina, wo sich die beiden Pilgerwege aus den Pyrenäen vereinen (Seite 220)

Der Pilger aus einem unbekannten Land mit seinem Esel, hier vor Ventosa-La Rioja (Seite 225)

Beschauliches Pilgern zwischen den Weinreben von La Rioja (Seite 225)

Steinerne Begleiter auf dem »Pass der Steinmännchen« bei Ventosa-La Rioja (Seite 228)

Die liebliche Landschaft unter dem endlosen Himmel zwischen Ventosa-La Rioja und Azofra (Seite 228)

In Astorga, das mir in besonders guter Erinnerung ist, gönne ich mir etwas Entspannung (Seite 241).

Aus meinem Hotelzimmer in Santiago de Compostela kann ich direkt auf die Kathedrale sehen (Seite 248).

nicht die einzigen Festgenommenen. Nach einer ganzen Weile empfing uns ein freundlicher Herr. Dann plauderte er ein wenig mit Mutti, ließ sich von uns die Geschenke zeigen und rief einen jungen Soldaten, der uns wieder zur Grenze brachte.

Das klappte immer ganz gut, bis einmal auf der Rückreise auf irgendeinem Bahnhof kein Zug in unsere Richtung mehr fuhr. So war es spät am Abend, wohl eher finstere Nacht, als wir eine Station vor Oebisfelde dem Zug entstiegen. Über Feldwege näherten wir uns nun Oebisfelde, immer darauf bedacht, nicht entdeckt zu werden. Kurz vor dem Ort aber meinte Mutti, wir sollten jetzt mal kräftig singen, damit sie wissen, dass hier Kinder kommen und keine Verbrecher. Im Schein der einzigen Laterne, die Brücke war nur noch ein paar Meter entfernt, erwarteten uns zwei Volkspolizisten. Sie fackelten nicht lange und sperrten uns in einen Kellerraum. Am folgenden Morgen sagte der Kommandant: Sie machen auch Sachen, gehen nachts hier singend zur Grenze.

Besser, als erschossen zu werden, gab Mutti zur Antwort. Die Stimmung war nicht gut an diesem Morgen. Obwohl ich glaube, dass sie sich sehr sympathisch waren, meine Mutti und der Kommandant. Ich denke gern an diesen Mann zurück, der immer freundlich auch mit uns Mädchen war. Leben Sie wohl, rief er uns im Flur noch nach. Ein Soldat begleitete uns. Wie immer trug er auch das Gepäck von meiner Schwester und mir. Das war das letzte Mal, dass wir an dieser Stelle über die Aller gingen. Dieser Grenzübergang wurde »dicht gemacht«. Später wurde sogar die Brücke noch in der Mitte durchgesägt.

Bei Helmstedt sollte ein großes Waldgebiet noch »durchlässig« sein. Die Anreise war umständlich und zeitraubend. Mutti kannte sich nicht genügend aus, und der Weg durch die Wälder und zu den nächstgelegenen Bahnhöfen war wesentlich länger. Im Sommer ging das noch, da waren die Tage lang.

Aber dann zu Weihnachten! Muttis Wegbeschreibung stimmte nicht. So irrten wir durch den Wald, bis sie sich einer anderen Gruppe anschloss. Am Ende waren wir über 30 Kilometer gegangen. Eine ganz schöne Leistung für ein sieben- und ein neunjähriges Mädchen! Meine elenden Schuhe aus Pappe, die eigentlich ganz nett aussahen, vergesse ich nie. Inzwischen hatte ich eine große Blase an einer Hacke und konnte kaum mehr laufen. Schließlich klopfte einer der Männer aus der Gruppe mit einem Stein die Ferse meines Schuhs nieder. Ich trug den Schuh nun wie einen Pantoffel, wodurch der Schmerz nachließ.

Über dem Weihnachtsfest hing die bange Frage, ob wir wohl das letzte Mal zusammen waren. Omi weinte viel, sogar beim Singen der Weihnachtslieder. Sie hatte alles so schön vorbereitet, so viel gutes Essen und so viele Geschenke, darüber vergaßen wir Mädchen den Rückweg.

Wir kommen wieder, Omi, spätestens im nächsten Sommer. Es wird schon gut gehen. Der Zug brachte uns zu irgendeinem Ort nahe der Grenze. An unseren Rucksäcken hatten wir schwer zu tragen, zumal Lisa ein Akkordeon bei sich hatte – ihr Weihnachtsgeschenk von Omi.

Zuversichtlich betraten wir den Wald. Sogleich aber schien uns hier alles verändert. Wo sonst tiefe Stille herrscht, war es beängstigend unruhig. Immer wieder schreckten laut krächzend die Krähen auf und flogen über den Bäumen davon; andauernd raschelte es irgendwo neben oder hinter uns. Die Amseln erschreckten uns mit ihrem schrillen Warnruf und stürzten über den Waldboden davon. Dann hörten wir etwas entfernter einen Schuss und eine Männerstimme, die *Stoj* rief.

Das sind Russen! Lisa und ich hatten furchtbare Angst. Wir wollten weglaufen und zerrten an unserer Mutter. Nur schnell raus aus diesem Wald!

Irgendwie gelang es ihr, uns zurückzuhalten. Wir sind sicherer, wenn wir weitergehen, sagte sie. Da vorne liegt ein Stamm, da machen wir erst mal Rast. Esst und trinkt jetzt anständig, wer weiß, wann wir das Nächste kriegen. Und sollten wir aufgegriffen werden, wisst ihr ja, was ihr zu tun habt.

Ja, Mutti, keine Angst zeigen und nicht weinen. Wir nahmen uns zusammen und wischten uns die Tränen weg.

Es dauerte nicht lange, und ein russischer Soldat trat aus dem Unterholz. *Stoj,* sagte auch er, aber wir waren sowieso schon stehen geblieben. Mit dem Gewehr im Rücken mussten wir umkehren. Er führte uns bis zu einer Lichtung, wo schon eine ganze Reihe Menschen stand; in Gruppen, jeweils von einem Soldaten bewacht. Auch unser Soldat postierte sich vor uns, mit dem Gewehr im Anschlag. Immer mehr Grenzgänger wurden gebracht. Wir durften uns nicht bewegen und nicht miteinander sprechen.

Endlich begannen die Verhöre; der Befehlshaber ging von Gruppe zu Gruppe. Jeweils am Ende des Verhörs wurden die Grenzgänger von der Lichtung gebracht.

Nun war er bei uns und sprach mit Mutti. In gewisser

Weise war er sogar freundlich, zumindest nicht herrisch oder befehlshaberisch. Was er uns Mädchen im Einzelnen fragte, habe ich nicht mehr in Erinnerung. Aber ich weiß noch, dass wir ihm relativ unbefangen antworten konnten. Bewacht von unserem Soldaten, wieder mit dem Gewehr im Rücken, verließen auch wir die Lichtung.

Auf dem breiten Waldweg befahl er uns, nach links zu gehen – in die Richtung, aus der wir gekommen waren. Gen Westen also! Bald schon ging er neben uns, schulterte sein Gewehr und sprach mit Mutti. Er wollte wissen, wo wir leben, ob sie einen Mann habe, ob wir in eine richtige Schule gingen.

Mutti anwortete, so gut sie konnte, wie das so ist, wenn man mit jemandem spricht, dessen Sprache man nicht kennt. Sie erzählte von unserer Großmutter, die uns so sehr half in dieser schweren Zeit.

Gute Frau, sagte er. Doch zu unserem Schrecken zog er uns plötzlich in ein Gebüsch. Wir mussten uns setzen, er saß zwischen Mutti und Lisa. Ich litt furchtbare Angst. Das Gewehr lag hinter ihm. Nun wollte er Muttis Rucksack sehen, der bis oben mit Lebensmitteln vollgestopft war. Er probierte von jedem, klappte sein Taschenmesser auf und schnitt sich eine halbe Dauerwurst ab und steckte sie zu unserer Verwunderung einfach lose in die Jackentasche. Mutti bot ihm die ganze an, aber er sagte: Nein, für Kinder. Dann schnitt er von dem Schinken ab. Gut, gut, lobte er kauend, und Mutti legte noch Brot dazu. Auch für uns schnitt er von dem Schinken ab und reichte ihn uns, noch auf dem Messer liegend. Ich wagte kaum den Schinken zu nehmen, weil ja noch die Klinge darunter war.

Nun war er fertig mit Essen, lobte die gute Oma, die gute Mutter und die lieben Kinder. Er hatte auch eine Tochter und eine liebe Frau zu Hause und zeigte uns Fotos. Schon zwei Weihnachten hatte er sie nicht mehr gesehen. Das Mädchen, ich erinnere mich noch genau, war in meinem Alter und trug eine riesig große weiße Schleife über ihrem dunklen Haar.

Erst jetzt nahm er das Akkordeon aus Lisas Rucksack und gab es ihr. Sie sollte spielen. Doch sie war so nervös, dass sie nur klimpern konnte. Dann stimmte Mutti ein Lied an, ich glaube »Am Brunnen vor dem Tore«, und Lisa konnte nun einigermaßen begleiten.

Sie müsse noch viel studieren, sagte der russische Soldat und nahm ihr das Akkordeon ab. Nun glitten seine Finger über die Tasten. Er spielte russische Weisen voller Melancholie und sang dazu. Seine Stimme klang wundervoll. Niemals zuvor hatte ich solch eine schöne Musik gehört, außer im Radio. Er war ein echter Künstler. Seine Musik war wie ein Wunder. Und das hier, mitten in diesem kalten dunklen Wald, inmitten des Niemandslandes. Ein letztes Mal noch strich er sanft über die Tastatur und gab das Instrument dann sorgsam zurück in Lisas Rucksack.

Er half uns auf, wir sollten uns jetzt beeilen. Mit dem Gewehr über der Schulter ging er vor uns. Schon bald blieb er stehen, und als wir hinzukamen, trauten wir unseren Augen nicht.

Vor uns lag eine breite, ganz frisch gepflügte Schneise. Vor zwei Wochen hatten hier noch Bäume gestanden. Mutti sagte: Jetzt wird es ernst, sie machen ganz Ostdeutschland dicht.

Er wollte »kontrollieren« und ging auf dieser noch feucht glänzenden Erdscholle auf und ab. Für einige Zeit war er zwischen den Bäumen auf der anderen Seite verschwunden. Wir sollten geradeaus laufen, immer geradeaus, bis wir auf einen Waldweg kämen und dort nach links. Auf gar keinen Fall nach rechts, das war ihm sehr wichtig.

Dann rannten wir, so schnell wir konnten. Über diesen Streifen Erde, der uns keinen Schutz bieten konnte und der später nach seiner waffenstarrenden Sicherung der Todesstreifen genannt werden sollte. Im Weglaufen sah ich, wie Mutti dem Russen die Tüte mit den Trockenpflaumen in die Hand drückte.

Lisa war uns voraus und erreichte als Erste den Weg. Bist du still, rief Mutti, als Lisa sich zu lautstark freute.

Ich hatte schlimmes Seitenstechen. Aber Mutti sagte: Wir müssen weiter. Immerhin gingen wir jetzt langsamer. Endlich waren wir durch den Wald und sahen in der Dämmerung über die Felder hinweg einen Kirchturm. Die Teerstraße, auf der wir jetzt gingen, mündete in eine Kreuzung. Dort standen Verkehrsschilder. Die Hoffnung trieb uns voran, bis endlich die Schrift lesbar war.

Helmstedt, stand auf einem Schild. Helmstedt, fünf Kilometer.

Ohne ihn wären wir jetzt nicht hier, brachte Lisa all die erlittenen Ängste auf einen Punkt.

Nach diesem lebensgefährlichen Marsch weiterhin schwarz über die Grenze zu gehen, verbot sich von selbst. Ab jetzt fuhren wir nur noch mit dem Zug und einer ordentlichen Aufenthaltsgenehmigung. Eine Reiseerleichterung war das allerdings nicht. Denn nun waren wir den schikanösen Kontrollen der herrischen Grenzbeamten ausgesetzt.

Aber wo ich mich jetzt an die vielen Male erinnere, die wir zu Fuß über die grüne Grenze gegangen sind, um unsere Großmutter zu besuchen, denke ich mir: Eigentlich bin ich als kleines Kind schon gepilgert.

Mich fröstelt, es ist deutlich kühler geworden. Während ich in meine Erinnerungen versunken dahinwanderte, ist mir gar nicht aufgefallen, dass sich von Westen her dicke schwarze Wolken herandrängen. In dieses Gewitter will ich nun nicht unbedingt geraten. Ich überlege, ob ich nicht zuvor eine Herberge ansteuern könnte. Da ich schon eine Weile auf einer schmalen Straße leicht bergab gehe, habe ich die höchste Stelle der heutigen Etappe offenbar überwunden. Es sollte also möglich sein, schnell vorwärtszukommen. Da fährt ein Taxi an mir vorbei. Auf mein Winken kommt es zurück, und ich komme gerade noch in Palas de Rei an, ehe es anfängt zu gießen.

Die Herberge ist so kalt, dass ich mir ein Bett oben unter dem Dach suche. Dort scheint es mir wärmer. Mindestens 30 dicht an dicht gedrängte Räder zähle ich unter dem Vordach einer Bar, während in der Bar die Radpilger das Gewitter abwarten.

Von Palas de Rei nach Ribadiso

O Lust vom Berg zu schauen
weit über Welt und Strom,
hoch über sich den blauen,
tiefklaren Himmelsdom!
Joseph von Eichendorff

Die Hoffnung, dass mein Fuß besser würde, habe ich aufgegeben. So fahre ich die ersten 15 Kilometer bis Melide mit dem Bus. Nach einem ausgiebigen Frühstück bin ich dann wieder *per pie* auf dem Camino. Unter großen alten Bäumen, in denen die Vögel singen, gehe ich an einem Hang entlang. Unten im Tal schwirren die Schwalben hin und her, Lerchen erheben sich trillernd dem blauen Himmel entgegen. Über dem Wasserlauf senkt sich der Morgennebel. Ich atme tief durch und sage Danke für diesen schönen Tag.

In Boente, einem winzigen Ort, in dem man einen Hang hochkommt und die Landstraße überqueren muss, kommt uns der Pfarrer entgegen. Ganz zufällig wandere ich gerade in einer größeren Gruppe. Der Geistliche geleitet uns in seine Kapelle, gibt jedem die Hand und stempelt den Pilgerpass. Jeder Pilgertag bringt mir etwas Neues und Wunderbares, heute beispielsweise diese besonders herzliche Begrüßung. Noch schöner wird es dadurch, dass es in diesem kleinen Kirchlein angenehm kühl ist – eine willkommene Erholung nach dem Anstieg in der Sonne.

Ich lasse den Wald hinter mir. Felder säumen nun meinen Weg, durchzogen von Bachläufen; rechts und links des Weges stehen manchmal einzelne Häuser oder Bauernhöfe. In glücklicher Einsamkeit gehe ich so vor mich hin.

Immer wieder passiere ich alte Mauern aus grobem Naturstein. Ich liebe diese für die spanische Landschaft so typischen Mauern mit ihrem grünen Moosbewuchs und den kleinen Blümchen, die sich zwischen den Steinlücken hervorzwängen.

Ein sandiger und steiler Weg bergauf beendet meine Bequemlichkeit. Danach geht es plötzlich bergab, dann wieder hinauf – und schließlich blicke ich weit hinunter in das Tal mit dem Fluss Iso und der Herberge, genau wie in meinem Buch beschrieben.

Ich bin sehr zufrieden mit diesem Tag: Ich bin durch eine wunderbar einsame Landschaft gepilgert und habe diese zwölf Kilometer trotz meiner Ferse überraschend gut geschafft.

Das einzige Haus weit und breit ist das Gasthaus hier oben auf dem Bergrücken, und so entschließe ich mich, dort noch etwas zu essen. Ich trinke Saft aus frischen Apfelsinen und bestelle ein *bocadillo*. Dahinter verbirgt sich ein Riesenstück Brot mit sehr viel Schinken darauf. Ein herrliches Mahl!

Den Rest packe ich für den Abend ein. Wie unterschiedlich doch die Preise sind, fällt mir wieder einmal auf, hier bezahle ich gerade mal drei Euro.

Als ich vor der Herberge im Tal anlange, warten dort bereits 20 oder 30 Pilger. Britta ist auch dabei. Wir begrüßen uns freudig und haben einander viel zu erzählen.

Hier lerne ich auch Norbert kennen. Er pilgert schon zum fünften Mal und ist sicherlich gute 70. Im vorigen Jahr, sagt er, waren wir hier nur sieben Pilger.

Die Herberge ist ganz toll. Sie hat Wände aus grauem Naturstein wie so viele alte Häuser hier, ist aber sehr gut renoviert. Auch innen sind die Räume in einem prima Zustand und ganz sauber. Auf einer großen Wiese hinter der Herberge steht ein Anbau mit Waschräumen, vielen Duschen und Toiletten sowie Waschmaschinen und extra Waschbecken für die Kleidung. Auch die Jeans wird gewaschen, schließlich möchte ich in Santiago zur Feier des Tages in sauberer Kleidung ankommen.

Am frühen Nachmittag ist die Herberge bereits komplett belegt. Enttäuscht müssen die Pilger weiter. Meine Wäsche ist inzwischen buchstäblich in Windeseile getrocknet. Die Brise treibt schwarze Wolkenmassen vor sich her; es wird ein Gewitter geben, lange kann es nicht mehr dauern. Bevor es so weit ist, gehe ich noch einmal hinauf zum Gasthaus. Die Aussicht von hier oben ist so schön! Inmitten von Äckern und Wiesen schlängelt sich der Fluss durch ein stilles und friedvolles Tal.

Hier oben komme ich mit einem Ehepaar aus Linz ins Gespräch. Sie sind den oberen Pilgerweg gegangen: am Atlantik entlang, über Santander. Kälte und Regen hätten ihnen anfangs schwer zu schaffen gemacht. Auch die Anstiege seien viel steiler. Sehr oft war der Pilgerweg nur ein schmaler Trampelpfad, ja manchmal sei er gar nicht zu erkennen gewesen. Die Stille der Natur habe sie aber für die Strapazen entschädigt. Fünf Wochen sind sie in absoluter Einsamkeit gewandert. Dass sie das letzte Wegstück hier auf diesem überfüllten Weg gehen müssten, sei ein richtiger Schock. Letztes Jahr sei es ganz anders gewesen. Da waren sie auch den direkten Weg über Burgos und León gegangen, als in den Herbergen vielleicht zehn oder zwölf Pilger übernachteten. Abends hätten sie zusammen gekocht und gemeinsam gegessen. Das sei noch richtiges Pilgern gewesen.

Mein größtes Problem ist der schmerzende Fuß, erzähle ich, aber die überfüllten Herbergen, in denen ab Mittag alle Betten belegt sind, machen mir auch zu schaffen. Heute bin ich nur wenig gegangen, das war ganz gut. Aber was mache ich morgen und übermorgen?

Fahr mit dem Bus, raten mir die beiden. Du bist schon so weit gepilgert, jetzt kommt es nur noch darauf an, dass du gesund in Santiago ankommst. Was hast du davon, wenn du in Santiago gar nicht mehr gehen kannst?

Immer mehr Regenwolken kommen über den Horizont. Die beiden müssen noch bis Arzúa und beschleunigen ihre Schritte. Auf dem Weg den Berg hinunter bewundere ich ihren sicheren Gang, solange ich sie sehen kann. Dabei sind sie bestimmt nicht jünger als ich.

Schließlich verdecken die schwarzen Wolken die Sonne und gehen über unserem Tal nieder. Es ist, als wollte der Himmel die Erde berühren. Blitz und Donner lösen die Hitze des Nachmittags ab, und im Nu verwandelt sich der so gemächlich dahinfließende Fluss Iso in ein reißendes Gewässer. Wehe dem, der sich zum Schutz vor dem Regen unter eine Brücke gestellt hat. Als gingen sie mitten durchs Wasser, sehen wir noch immer Pilger den Berg herunterkommen. Völlig erschöpft und durchnässt klopfen sie an unsere Tür. Es findet sich auch immer jemand, der ihre

Sprache spricht und der ihnen den Wohnraum zeigt, in dem sie sich auf Tischen und Stühlen ein Nachtlager herrichten können. Anfangs können noch einige von uns ihre Isomatten geben, manche können die Decke entbehren. Aber ob sie es wirklich alle warm genug haben? Ich möchte nicht mit ihnen tauschen.

In dem Bett über mir schläft heute Nacht ein junges spanisches Paar. Weil ich glaube, sie könnten im Schlaf von oben runterfallen, biete ich ihnen meines an. Aber sie lehnen ab und sind die ganze Nacht über so still und ruhig, als wären sie gar nicht da. Zwei junge Freundinnen, aus Luxemburg und Italien, schlafen auch zu zweit. Das ist sicherlich nicht gestattet, aber immer noch besser als gar kein Bett.

Von Ribadiso nach O Pino

Sieh nach den Sternen!
Gib acht auf die Gassen!
Wilhelm Raabe

Früh um fünf raffe ich meine Sachen zusammen und verlasse den Schlafraum. Unter dem Vordach mit einer sparsamen Notbeleuchtung treffe ich auf einen weiteren Frühaufsteher. Die Straße ist noch kaum zu erkennen. Über den Bergen hängen tief die Wolken. Doch die ersten vier Kilometer bis Arzúa geht es sowieso nur geradeaus, die Pfeile als Orientierung sind nicht ganz so wichtig.

Dicke Nebelschwaden hüllen mich ein. Dumpf, als wären sie in weiter Ferne, höre ich die Hähne des Dorfes krähen, manchmal auch Hundegebell. Oben an der breiten Straße setze ich mich erst auf eine Bank bei der Bushaltestelle. Wie ferne Schatten erheben sich die Berge aus dem Nebel. Über den Hügeln zeigt sich schon die erste zarte Helligkeit. Ich nehme meinen Fotoapparat und wünsche mir, den schönsten Moment dieses Sonnenaufgangs festhalten zu können. Und dann ist es so weit, die aufgehende Sonne schiebt die Wolken beiseite.

Begeistert von diesem Naturschauspiel, das wir im Alltag viel zu selten erleben, achte ich wohl nicht richtig auf den Weg. Prompt stolpere ich auf dem Bürgersteig und stoße ausgerechnet mit dem linken Fuß an. Der Schmerz zieht von der Ferse hinauf bis in den Oberschenkel. Erst als der Schmerz etwas nachlässt, wage ich mit dem Fuß aufzutreten. Über was ich da wohl gestolpert bin, frage ich mich und suche den Boden ab. Es war ein Metallrohr, das etwa drei Zentimeter herausschaut. Als sei es dort abgesägt worden.

Hinkend gehe ich meinen Weg und hoffe auf eine Bushaltestelle. Manchmal frage ich auch danach. Ich müsse nur weitergehen, wird mir gesagt. Ich gehe weiter, aber es kommt kein Halteschild, dabei ist Arzúa doch ein richtiges Straßendorf. Wenn der Bus irgendwo halten müsste, dann doch hier! Schon völlig entmutigt, frage ich eine Frau, und sie sagt: *Aquí.* Also hier. Zweifelnd sehe ich mich um, sehe aber kein Schild. *Sí, sí, aquí,* bestätigt die Frau noch einmal.

Ich bedanke mich höflich und gehe erst mal in die Bar. Von der Kellnerin erfahre ich, dass der letzte Bus vor zehn Minuten gefahren ist. Mit meinem Kaffee und einem Donut setze mich zu einer spanischen Pilgerin. Sie ist sehr erkältet, und wir bedauern uns gegenseitig. Ihre Familie ist weitergegangen, sagt sie. Sie wollte auch mit diesem Bus fahren. Tja, aber jetzt ist er eben schon weg.

Später beim Verlassen der Bar erkundigt sie sich nach dem Taxistand. Ehe ich hier noch lange rumsitze, gehe ich lieber gleich mit ihr. Sie will bis Santa Irene und handelt den Preis aus. *Bueno,* sage ich. Dann fahre ich eben auch bis Santa Irene.

Die 15 Kilometer sind schnell geschafft. Den Fahrpreis teilen wir uns. Am Ortsausgang wäre eine Herberge, aber sie öffnet erst in drei Stunden. Auf der Bank vor dem Haus ziehe ich Schuhe und Strümpfe aus und begutachte meinen

Fuß. Die Stelle über der Ferse schmerzt sehr, ich kann sie kaum berühren. Aber den Fuß selbst kann ich sehr gut bewegen, und die Schwellung ist seit gestern nicht schlimmer geworden. Da habe ich noch mal Glück gehabt! Wieder reibe ich den Fuß mit der Salbe ein und lege einen elastischen Verband darüber.

Bis zur nächsten Herberge, steht in meinem Buch, sind es nur fünf Kilometer. Die werde ich wohl schaffen. Gleich nach dem Ortsende gehe ich auf bequemen Wegen durch einen Eukalyptuswald. Hohe gerade Stämme mit nur spärlichem Geäst ragen in den Himmel, fast wie Strommasten. Wo Eukalyptus steht, wächst kein anderes Gehölz mehr. Weil der Lebensraum fehlt, kann in dieser hässlichen Monokultur auch sonst kein Leben gedeihen: Vögel und anderes Getier fehlen hier völlig. Der Wald ist stumm, als ginge ich durch einen Geisterwald. Die Stille um mich herum ist geradezu unwirklich, ja gespenstisch und beunruhigend, wenn auch nicht in dem Sinne, dass ich Angst um mich hätte; auf dem Camino habe ich zu keiner Sekunde und nirgendwo Angst gehabt. Meine Beklemmung kommt vielmehr von der Gewissheit, dass diese Eukalyptuswälder eine Sünde an der Natur sind. Über viele Jahre wird hier nichts anderes mehr wachsen können, selbst wenn alle Bäume abgeholzt würden.

Das idyllische Dorf, in das ich als Nächstes komme, lässt die Welt wieder fröhlicher erscheinen. Kostbare Rosen blühen in allen Gärten und verströmen ihren betörenden Duft. In üppiger Blütenpracht ranken sie sich an den Mauern empor; einen wunderbaren kurzen Augenblick bleibe ich in dem Duft eines Rosenstrauchs stehen. Bevor ich weitergehe, breche ich eine rosarote Blüte ab und lege sie zwischen Tempotaschentücher, damit sie trocknen kann. Der Eigentümer möge mir verzeihen – ich konnte einfach nicht widerstehen!

Die Herberge in O Pino ist noch geschlossen, aber einige Pilger warten schon. Erschöpft lasse ich mich nieder, ziehe den Stiefel vom lädierten Fuß. Mit der Zeit wird die Schlange länger und länger, aber ich habe Glück und erhalte ein Bett unter der Dachschräge. Es liegt also niemand über mir. Vom nächsten Bett trennt mich sogar noch ein Schrank.

Das Ritual der Ankunft in einer Herberge ist immer gleich und endet nach dem Duschen mit der Pflege der Füße. Mein Bettnachbar, ein junger Spanier, hat an einem Fuß eine riesige Blase, die beinahe die ganze Fußsohle einnimmt. Ich sehe mir seine immer noch weißen Turnschuhe an und frage: *Nuevo?*

Sí, nuevo, antwortet er.

Wieder einmal bin ich froh, dass ich meine Pilgerschuhe vor dem Aufbruch gründlich eingetragen habe. Auf einer so langen Strecke können sich neue Schuhe als wahre Folter für den Fuß entpuppen.

Schnell sind die 120 Betten belegt. Wo ich auch hinschaue, überall wird telefoniert. Vor allem die spanischen Pilger wollen von hier aus Zimmer in Santiago anmieten. Aber sie scheinen nicht sehr erfolgreich zu sein, und das Telefonbuch wird von allen heiß begehrt.

Norbert ist inzwischen auch eingetroffen. Eine ganze Weile sitzen wir schweigend auf einer Bank in der Sonne. Ich bin etwas besorgt, wenn ich an meinen schmerzenden

Fuß denke und daran, dass ich morgen vielleicht auch keine Unterkunft finde. Ich zeige Norbert den Prospekt einer privaten Herberge und frage ihn, was er davon hält.

Klar kannste dahin, sagt er in seiner lakonischen Art, ich gehe immer in die andere und habe noch immer ein Bett gekriegt.

Aber es sind so viele Pilger unterwegs, und die Spanier telefonieren sich durch alle Pensionen in Santiago.

Ach, winkt Norbert ab, das Telefonieren ist doch zwecklos. Glaubst du, dass irgendjemand ein Bett für dich freihält, nur weil du anrufst? Das tun die im Leben nicht.

Ich mag seine Art zu sprechen. Sein Gleichmut beruhigt und ermuntert mich. Er erinnert mich an eine Mitpatientin, mit der ich viele Wochen ein Krankenzimmer geteilt hatte.

Über Jahre hinweg wünschte ich mir, eines Tages als *peregrina* über den Monte del Gozo, den Berg der Freude, nach Santiago de Compostela zu wandern. In so vielen schweren Stunden hatte dieser Traum mich aufrecht gehalten. Jetzt endlich bin ich so kurz davor. Nur noch 20 Kilometer, ein einziger Pilgertag. Wenn ich den Fuß noch mal einreibe und bandagiere und morgen früh auch, dann muss er einfach durchhalten.

Trotz meiner geringen Kraft bin ich doch ganz gut durchgekommen, wäre nicht dieser Insektenbiss gewesen. Die Folgen spüre ich bei jedem Schritt. Auch jetzt wieder, auf dem Weg zur Telefonzelle. Schon einmal war ich diese lärmende Hauptstraße gegangen, aber Peter ist beim zweiten Versuch noch immer nicht zu Hause. Enttäuscht nehme ich die Münzen und gehe zurück. Mit dem Herzen sind wir immer beieinander. Aber gern würde ich ihm erzählen, wie weit ich inzwischen gekommen bin.

Für den Abend habe ich ein richtiges Festmahl besorgt. Mit köstlicher Salami, Pastete und verschiedenem Käse, Obst und Rotwein. Alles ganz frisch aus dem Supermarkt gleich neben der Herberge. Auf einer Bank breite ich all meine Schätze aus und kann so richtig aus dem Vollen schöpfen. Noch ehe die anderen von ihrem Pilger-Menú zurück sind, lege ich mich ins Bett und schlafe auch sofort ein.

Von O Pino nach
Santiago de Compostela

Hoffnung ist nicht die Überzeugung,
dass etwas gut ausgeht,
sondern die Gewissheit,
dass etwas Sinn hat,
egal wie es ausgeht.
Václav Havel

Mitten in der Nacht werde ich wach. Die Vorfreude lässt mein Herz höher schlagen. Mir geht so vieles durch den Kopf, dass ich nicht mehr einschlafen kann, sosehr ich mich auch bemühe. Also stehe ich einfach auf. Eine halbe Stunde später tappe ich schon im Dunkeln die Straße entlang. Es ist noch nicht einmal vier Uhr.

Die Stille, die über allem ruht, ist einfach überwältigend. Die ersten fünf Kilometer bis Amonal gehe ich auf der Landstraße. Hie und da geht ein Licht in einem Haus an. Irgendwo bellt ein Hund.

Kaum spürbar wird es heller. Wie immer am frühen Morgen kräht als Erstes der Hahn. Erst danach stimmen die Vögel ihr Morgenkonzert an. Ich bin überglücklich: Kann man sich etwas Schöneres vorstellen, als eins zu sein mit der Natur und der Welt und schlussendlich mit sich selbst?

Nach Amonal wende ich mich dem Pilgerweg zu. Immer noch ist es recht dunkel. Ich mache mir Sorgen, dass ich eine Abzweigung verpassen könnte. Doch erst mal macht mir der Anstieg durch den Hohlweg zu schaffen; ich stöhne leise vor mich hin.

Wenn nur der Schmerz in der Achillessehne nicht wäre! Doch mit dem nahen Ziel vor Augen gehe ich tapfer meinen Weg.

Um halb sieben bin ich schon in Lavacolla. Hier an dem kleinen Flüsschen haben sich die Pilger früher gewaschen, ehe sie nach Santiago einzogen. Aber ich lasse das mal lieber und mache nur Rast. Ich habe bisher noch nichts gegessen.

Jetzt kommen auch die ersten Pilger. Viele sind heute sehr schnell auf ihren Füßen. Auch ich bin ja bisher noch ganz gut vorangekommen, aber nun geht es aufwärts, und der Weg wird wieder mühsam und beschwerlich. Die Pilger von vorhin überholen mich.

Ich atme tief durch: Nur noch dieser eine Berg! Ach, was sage ich, es ist ja nur ein Hügelchen von 300 Metern.

Normalerweise achte ich gar nicht so sehr auf die Pilger, die an mir vorbeigehen. Aber diese Gruppe junger Männer ist mir dann doch aufgefallen. Sie hatten zwei junge Frauen in ihrer Mitte, und ich dachte noch: Die Mädchen sind doch nicht aus Zucker, oder warum tragen die noch nicht mal ihre Rucksäcke selbst? In der Herberge bin ich mit den beiden zusammen im Waschraum gewesen, wo sie genau wie ich ihre Wäsche ausgewaschen haben. Das schöne dunkle Haar des einen Mädchens war mir aufgefallen, die andere junge Frau war blond. An die vielen kleinen Kettchen, die sie am Arm trugen, kann ich mich auch erinnern. Später, zu Hause, gibt mir eine liebe Freundin einen Zeitungsausschnitt: Jenna Bush, die Tochter von US-Präsident George W. Bush, in Begleitung ihrer Freundin auf der Pilgerreise. Das waren die beiden! So kann ich unbekümmert sagen, ich habe neben Jenna Bush an einem Waschbecken gestanden. Vielleicht ein Symbol dafür, dass es auf dem Pilgerweg um andere, wichtigere Dinge geht als um Namen und Herkunft, Macht und Geld.

Endlich habe ich es geschafft und bin oben auf dem Monte del Gozo, dem Berg der Freude. Santiago de Compostela liegt vor mir im Tal. Ich atme tief durch und setze mich nieder.

Der elastische Verband ist inzwischen viel zu eng, ich muss ihn unbedingt abnehmen und ziehe auch gleich beide Stiefel aus. Die Ruhe tut mir gut. Ganz ohne Eile schaue ich mich um. Doch was ich sehe, erscheint mir höchst unübersichtlich; noch nicht mal die Kathedrale kann ich in diesem Gewirr von Dächern und Türmen entdecken.

Aber in nicht weniger als einer Stunde könnte ich schon dort sein! Ich male mir aus, wie es sein wird: Alles wird sehr, sehr schön! Ein euphorisches Glücksgefühl breitet sich in mir aus, nimmt mich mit und trägt mich nach Santiago hinein. Dieses intensive Gefühl, zu leben und diesen schweren Weg überwunden zu haben, macht mich schwindelig. Wie gern würde ich jetzt Peter sprechen und ihm sagen, wie ungeheuer glücklich ich bin!

Einen kurzen Moment noch verharre ich bei dem Pilgerdenkmal. Mir ist, als könnte ich fliegen, als würde ich abheben von dieser Welt. Wie von selbst folgen meine Füße den Geräuschen vor mir, dem Klick-Klack der Pilgerstöcke.

Der Schweiß läuft mir übers Gesicht, und die Brille beschlägt. Statt des Taschentuchs ziehe ich versehentlich den Zettel meiner Herberge aus der Tasche. Verdutzt schaue ich auf das Blatt Papier und muss mich neu orientieren. Schon verlasse ich die Welt der Träume und bin wieder in der Realität.

Ich frage mich, auf welcher Straße ich nun bin und wo ich langgehen muss. Es ist gar nicht so einfach, jemanden zu fragen; ich glaube, viele können keinen Plan lesen. Nach mehreren vergeblichen Anläufen gehe ich in ein Geschäft und zeige dort den Plan. Der Herr ist sehr freundlich und kommt sogar mit mir auf die Straße, es sei nicht mehr weit.

Nun suche ich nach einem Wegweiser zu dieser Herberge. Aber nirgends sehe ich ein Schild. Verunsichert bleibe ich stehen und weiß nicht, wen ich hier fragen soll. Zwar ziehen Pilger an mir vorüber, in ganzen Gruppen, mit Fahnen und bunten Halstüchern. Sie scheinen vom Busbahnhof zu kommen und streben nun der Kathedrale zu, aber helfen können sie mir nicht.

Der Fuß schmerzt wieder fürchterlich, und mittlerweile drücken auch die Träger des Rucksacks. Meine Kräfte schwinden: Ich bin zu früh aufgestanden, hatte zu wenig Schlaf und auch bisher zu wenig gegessen. Gerade nehme ich meinen letzten Schluck Wasser und bereue, nicht mit den anderen in die öffentliche Herberge gegangen zu sein. Da fasst mich eine alte Spanierin am Arm und zieht mich ein paar Schritte zurück zu einer Treppe. Da unten müsse ich gleich nach rechts gehen.

Hier runter und dann rechts? Ob das wohl richtig ist? Ich mache ihre Bewegungen nach, um mich zu vergewissern.

Sí, sí, sagt sie und bestätigt mit ihrer Hand den Weg.

Schnell geht sie weiter; ich rufe, *gracias, señora,* und wende mich der Treppe zu. Bleib ganz ruhig, atme ganz tief. Dann taste ich mich Schritt für Schritt die Treppe hinunter. 100 Stufen vielleicht. Gleich rechts kommt ein kleines Lokal, hier kann man also essen. Zwei Türen weiter finde ich die Herberge.

Mit zitternden Knien stehe ich vor Maria, einer sehr jungen Spanierin, die, wie ich später erfahre, die Eigentümerin dieser Herberge ist. Sie schiebt mir einen Stuhl zurecht und bietet mir zu trinken an. Mir fällt kein spanisches Wort ein. Sie fragt, ob ich Englisch könne, liest in meinem Pilgerpass und ruft Mea. Mea sagt auf Deutsch: Schön, dass du da bist, komm, ich zeige dir dein Bett.

Ich lasse mich von Mea führen; so richtig klar denken kann ich in diesem Moment nicht. Ganz plötzlich kullern Tränen, Tränen der Freude über mein Gesicht. Ich weiß, sagt sie, und nimmt mich ganz fest in den Arm. Du bist einen weiten Weg gegangen, bei uns kannst du dich ausruhen. Erschöpft lege ich mich nieder.

Doch gleich fällt mir Peter ein. Sie haben sogar ein Münztelefon. Mea wählt für mich, weil ich so nervös bin. Wie herrlich! Peter ist zu Hause, und ich rufe ins Telefon, Peter, ich bin angekommen, ich bin in Santiago! Stell dir vor, ich hab's wirklich geschafft.

Auch er ist überglücklich und gratuliert mir und lobt mich, weil ich durchgehalten habe. Meinen Flug habe er bereits umgebucht, aber die 50 Euro Gebühr müsse ich in Santiago bezahlen. Er würde mir gern Geld schicken, wenn er nur wüsste, wohin.

Ich habe immer noch 170 Euro, versichere ich ihm, ich

komme gut zurecht. Er wundert sich, weil ich ja nur 400 Euro mitgenommen hatte.

Küsschen hin und Küsschen her, ich liebe dich.

Und Peter, es geht mir gut, mach dir bitte keine Sorgen. Das habe ich, glaube ich, bei jedem Telefonat gesagt.

Wenn du noch zur Messe willst, holt mich Mea aus meinen Gedanken, musst du dich aber beeilen, es ist gleich halb zwölf.

Meinst du, ich schaffe das noch? Hastig ziehe ich mir ein frisches T-Shirt an.

Als hätte die Linie sechs auf mich gewartet, steht der Bus schon oben an der Haltestelle. In der Eile hatte ich vergessen zu fragen, wann ich aussteigen muss. Doch der freundliche Herr gegenüber ist mir behilflich.

Wieder folge ich einer Gruppe Pilger. Mit ihnen, denke ich, müsste ich schon ankommen. Als hätte ich alle Last abgeworfen, ist mir mein Körper plötzlich so leicht, dass ich durch die kleinen Gassen zu schweben glaube. Während ich den Stimmen der Pilger folge, sehe ich nur ihre blauen Halstücher. Später kann ich mich wirklich nicht mehr an die Straßen erinnern, durch die wir gegangen sind.

Unmittelbar vor der Kathedrale ist das Pilgerbüro. Auch dorthin folge ich den blauen Halstüchern. Für jede Sprache gibt es eine Sachbearbeiterin. In der Gruppe vor mir sind keine Deutschen, deshalb komme ich sofort dran. Die junge Dame kontrolliert meinen Pilgerpass und trägt meinen Namen zusammen mit anderen Angaben in ein großes, dickes Buch ein. In der Pilgerurkunde sollte der Vorname auf Lateinisch stehen, aber meinen sucht die Señora in ihrem Register vergeblich. Schade! Ich bedaure, meinen zweiten Vornamen nicht angegeben zu haben – vielleicht hätte er sich leichter ins Lateinische übertragen lassen, obwohl er seltener ist.

Ob ich auch in der Kathedrale genannt werden wolle, fragt sie mich zum Schluss.

Aber ja, das ist mein größter Wunsch, davon träume ich seit Jahren! Ich kann es kaum mehr erwarten, füge ich begeistert hinzu.

Schnell trägt sie mich noch in die Liste ein, ehe diese nun endgültig hinüber zur Kathedrale gebracht wird. Moment, sagt sie, als auch ich gehen will. Der Priester wird sagen: *Una mujer alemana que viene de Burgos,* das heißt: Eine deutsche Frau, aus Burgos kommend. Können sie sich das merken?

Sí, señora, y gracias.

Nur ein paar Stufen noch, und endlich ist die Kathedrale erreicht. Ich öffne das große schwere Portal. Nichts ist mehr von Bedeutung, als hier zu sein und diesen Augenblick auszukosten. In tiefem Schweigen stehen wir Pilger, als der Klang der Orgel die Messe ankündigt.

Ganz vorsichtig, Schritt für Schritt, gelingt es mir, bis zu dem seitlichen Säulengang vorzudringen. Dort finde ich auf dem steinernen Sockel einer Säule noch ein kleines Eckchen zum Sitzen.

Es folgt der Gesang einer einzigen Frauenstimme. Hell und klar erreicht sie uns in jedem Winkel der Kathedrale. Über einen Monitor könnte ich das Geschehen am Altar verfolgen. Doch ich bin so fasziniert von dieser reinen Stimme, dass ich die Augen schließe und mich in der Melodie wiege.

Ganze Gruppen drängen noch herein. Der Priester begrüßt uns *peregrinos,* die wir aus aller Welt nach Santiago gepilgert sind, und beginnt mit der Aufzählung. Ganz unerwartet steht plötzlich Norbert neben mir. In Andacht schweigend, lauschen wir gemeinsam den Worten des Priesters.

Er nennt Australien, Japan, Uruguay, Warschau und immer wieder Städte Spaniens und Portugals. Italien, Frankreich und Deutschland werden oft genannt. Die skandinavischen Länder, Island, Rumänien, Haiti und Kanada, Amerika und wieder Portugal, England, Teneriffa, Holland, Belgien, Hawaii, Sizilien, Österreich, Argentinien, Schweiz, die Philippinen, Lettland und Russland – es geht offenbar um die jungen Russen, denen ich begegnet bin. Erneut Spanien und Italien, Brasilien und Griechenland.

Auch ich bin dabei, *una mujer alemana que viene de Burgos.*

Das war ich, flüstere ich Norbert zu. Ein leises, andächtiges Ja ist die Antwort.

Beim Verlassen der Kathedrale verlieren wir uns in dem Gedränge. Draußen formieren sich Musiker und Trachtengruppen. Unten beim Brunnen spielt eine Dixie-Band. Im Rausch der Freude singen wir Pilger die Oldies mit, halten uns bei den Händen und umarmen uns. Viele tanzen sogar. Wo ich auch hinschaue, ich sehe nur glückliche Gesichter. Das ist wahrhaft ein Freudentag. Für alle von uns, die wir Santiago erreicht haben.

Unverhofft umarmt mich eine junge Französin und küsst mich auf beide Wangen. Sie lässt mich gar nicht mehr los, bis ihr Partner hinzukommt. Aus ihren sehr wortreichen Schilderungen verstehe ich »Carrión de los Condes« und »malade«.

Krank? Ah, ich erinnere mich! Sie ist die Französin mit dem hohen Fieber. *Oui, oui,* sagt sie, und etwas, das mit Medizin zu tun hat, *très bon,* sagt sie: sehr gut.

Merci, madame, auch er legt seine Arme um mich. Schade, dass wir uns wegen der Sprachschwierigkeiten nicht besser unterhalten können.

Wie überall im Land, so halten die Spanier auch in Santiago de Compostela ihre Siesta. Die Musiker sind gegangen, nach und nach verlassen auch die Gläubigen den Platz. Es wird still im weiten Rund vor der Kathedrale. Ich schaue auf zu dem riesigen Portal. Die vielen Stufen lassen die Kathedrale noch größer erscheinen. Generationen von Steinmetzen haben hier ein Kunstwerk geschaffen. Über Jahrhunderte hinweg haben sie stetig neue Türme und Fenster, Skulpturen und Säulen hinzugefügt und die Kathedrale auch in ihrer Gesamtheit vergrößert.

Auf den Säulen des Pórtico de la Gloria, des seit Langem überbauten ehemaligen Eingangstors, stehen lebensgroße Figuren. In ihrer Mitte schaut mit gnädigem Blick der heilige Jakobus auf mich herab. Sein Pilgergewand hat er gegen leicht fließende Gewänder eingetauscht, so sieht er eher wie ein gütiger Herrscher aus. Als sollten wir uns dort eintragen, breitet er mit der rechten Hand eine Papyrusrolle aus. Vielleicht steht dieses unbeschriebene Blatt aber auch für die Vergebung aller Sünden.

Ich glaube nicht an diese Art von Vergebung. So werde ich wohl meine großen und kleinen Sünden und meine vielen Irrtümer wieder mit mir nehmen müssen. Doch vielleicht habe ich Glück, und die Wertigkeiten verschieben sich im Laufe meines Lebens hin zu einer anderen Sicht der

Dinge. Mein Wunsch für mein Alter wäre, mit mir selbst etwas nachsichtiger zu sein und meine Fehler gelassener sehen zu können.

In ihrem Inneren wirkt die Kathedrale trotz ihrer Größe eher anheimelnd und familiär. In die Betrachtung der Kunstwerke versunken, gelange ich in eine schöne Seitenkapelle. Hier zünde ich ein Licht für Michael an. Ein weiteres Licht entzünde ich für meine Familie und ein drittes für meine Mitpatientin von der Mosel. Sie hat mich darum gebeten, als ich ihr von meiner geplanten Pilgerreise erzählte. Später schreibe ich ihr eine Karte.

In meinem Pilgerbuch heißt es: »Am Ende des Weges legen die Pilger ihre Hände an die Säule zu Füßen des Apostels und berühren mit dem Kopf die darunter befindliche Figur des Baumeisters Mateo.« So lege auch ich meine Hand zu seinen Füßen, verneige mich vor ihm und berühre mit meiner Stirn den Kopf des Baumeisters; dreimal, so wie es die spanischen Pilger vor mir getan haben.

Ohnehin begegne ich an diesem Wochenende sehr vielen spanischen Familien und Gruppen mit Kindern und Jugendlichen. Später folge ich einer Reihe von Pilgern zu der Büste des Apostels. Mit einem Herzen voller Dankbarkeit für das Gelingen dieser Pilgerreise lege ich *peregrina* meine Arme um seine Schultern und streichle seine Wange. Es heißt, mit dieser Geste melde man dem heiligen Apostel seine Ankunft.

Um die Kathedrale und den großen Platz, die Praza do Obradoiro, sind die kleinen Gassen der Altstadt mit ihren vielen Geschäften und Restaurants. Dort gibt es keinerlei Autoverkehr, was sehr angenehm ist. Im Schatten von Arkaden schaue ich mir die Auslagen an. Neben den für diese Pilgerstadt typischen Andenken gibt es auch sehr viele Geschäfte für richtiggehende Kunstwerke und Luxusartikel. Es ist faszinierend, was ich dort an Schönem und Edlem und Kunstvollem sehe.

Der Zufall führt mich in ein gemütliches Café. Mit lebensgroßen Jugendstilskulpturen und Ornamenten sieht es ganz bezaubernd aus. Müde von dem langen Tag, sinke ich in einen weich gepolsterten Sessel und bestelle mir eine Tortilla und ein Bier. Ich wundere mich selbst, denn normalerweise trinke ich kein Bier. Jedenfalls schmeckt alles vorzüglich. Satt und schläfrig versinke ich allmählich immer tiefer in das Polster.

Doch kurz vor 18 Uhr bin ich wieder in der Kathedrale und erhasche einen noch günstigeren Blick auf den Altar als am Mittag. Die Segnung der Pilger ist das Thema auch dieser Messe. Wieder verliest der Priester eine große Anzahl von Städten und Ländern. Ich glaube, inzwischen sind alle Länder Südamerikas dabei. Auch gibt es wohl kaum noch ein europäisches Land, das heute nicht genannt wurde. Und ich *peregrina* darf Teil dieser Gemeinschaft sein! Stolz und Freude vermischen sich in meiner Seele, in tiefster Glückseligkeit umarme ich meinen Nächsten. Dieser Tag ist wahrhaftig ein Freudentag.

Zur Krönung des feierlichen Gottesdienstes wird der Weihrauchkessel geschwenkt, der berühmte »Botafumeiro«. Kräftige Männer haben das 54 Kilo schwere Gefäß an ein dickes Seil gehängt. Inmitten von Weihrauchschwaden schwingen sie im Gleichklang der Orgel den Botafumeiro nun höher und höher, begleitet von vielen Ahs und Ohs. Bis hinauf in die Kuppel schwingt der riesige Kessel, um dann wieder langsamer zu werden. Verzückt klatschen die Gläubigen in die Hände. Diesem Schauspiel muss man einfach aus nächster Nähe zugesehen haben! Ich werde ihn noch ein paarmal schwingen sehen, diesen Pott, wie ich ihn liebevoll-respektlos nenne. Immer wieder aufs Neue bin ich fasziniert. Später erfahre ich, dass ein Gläubiger 300 Euro bezahlt hat, sonst würde der Botafumeiro während der Messe gar nicht in Bewegung gesetzt.

Der Bus bringt mich in die Herberge zurück. Als Erstes muss ich duschen, meine Wäsche versorgen – und Tagebuch schreiben. Das ist wichtig: Die Emotionen sind noch ganz frisch.

Später am Abend ist auch der Würzburger da. Wir waren schon öfter in den gleichen Herbergen und begrüßen uns fröhlich. Die drei Pilgerinnen aus Österreich schlafen auch hier. Resi fuhr im selben Auto wie ich hoch nach O Cebreiro. Zwar haben wir alle das Gleiche erlebt, aber eben doch immer in unterschiedlicher Wahrnehmung. Gerade das macht den Reiz unserer Erinnerungen aus, über die wir uns noch lange austauschen.

Santiago de Compostela

Sehnsucht ist der Beweis,
dass der Geist
eine höhere Seligkeit sucht.
Bettina von Arnim

Mein Sonntag in Santiago de Compostela beginnt mit einem gemütlichen Frühstück im Café nebenan. Von dort gehe ich weiter ins Zentrum und auch gleich in die Kathedrale. Ein günstiger Zeitpunkt: Sie ist noch recht leer.

So allein in der Kirche zu sein ist ein ganz besonders intensiver Augenblick. In aller Stille möchte ich gern wieder ein Licht für Michael anzünden. Vor der kleinen Kapelle mit der Mutter Maria und dem Jesuskind werfe ich Münzen ein; drei kleine Lichter leuchten auf. Über das Licht hinweg träume ich mich zu ihm und sage, wie sehr ich ihn liebe und wie schön es gewesen wäre, wenn wir diesen Weg gemeinsam hätten gehen können.

Da steht jemand neben mir und streichelt mir über den Rücken und sagt: Prima, dass du auch angekommen bist.

Ich schaue zu ihm auf und sehe ein mir unbekanntes Männergesicht. Kennen wir uns, frage ich ihn, ich kann mich nicht erinnern.

Aber ich, denn ich habe dich oft gesehen und mir immer gedacht, das schafft die nie.

Siehst du, du hast dich geirrt, ich bin doch angekommen.

Und wir lachen, wohl etwas zu laut, denn der Klang hallt wider.

Inzwischen ist der große Platz schon wieder sehr belebt. Die Reihe der wartenden Pilger, die den Apostel umarmen wollen, wird länger und länger. Dort stehen vor allem Gruppen, vielleicht Busreisende, die in ihrer knapp bemessenen Zeit hier sicherlich zwei Stunden ausharren müssen. Es kommt sogar zu einem lautstarken Streit, weil sich Pilger noch zu ihrer Guppe stellen, nachdem sie die Zeit des Wartens offenbar anderweitig verbracht hatten. Erst mit der Siesta löst sich diese Reihe dann allmählich auf. Brittas rote Jacke leuchtet zu mir herüber, von dem Café etwas höher über der Praza do Obradoiro. Noch ehe ich quer über den Platz und die vielen Stufen hinaufgetippelt bin, ist sie fort. Schade, heute ist ihr Abreisetag. *Buen Camino,* Britta!

Es ist ein herrlicher Sonnentag. Ich genieße das bunte Treiben rund um die Kathedrale und begegne vielen Weggefährten. Ganz spontan und aus purer Lebenslust fallen wir uns in die Arme und beglückwünschen uns. Mit einigen hatte ich unterwegs nicht einmal besonders viel Kontakt, aber sich hier wiederzusehen, ist schon etwas ganz Besonderes. Wenn ich jetzt an diesen Augenblick zurückdenke, befand ich mich auch an diesem zweiten Tag noch immer wie in einem Traum. Ich war so glücklich, ich hätte die ganze Welt umarmen können.

Wenigstens einmal, so denke ich, könnte ich ja zu dem Pilger-Menú gehen, das in meinem Pilgerbuch beschrieben ist. Es wird zwar nicht ganz so günstig beurteilt, aber ich will es ausprobieren und gehe zum Treffpunkt beim Parador-Luxushotel. Es befindet sich gleich neben der Kathedrale in einem ehemaligen Kloster und Pilgerhospital, das der Tradition folgend noch immer kostenlos Essen an Pilger ausgibt.

Dort treffe ich Norbert. Er war schon öfters hier und kennt sich aus. Acht hungrige Pilger folgen ihm geradewegs durch den Haupteingang hinein in einen übersteigerten Luxus. Ich frage Norbert, ob wir mit unseren Stiefeln überhaupt über diesen erlesenen Teppich gehen dürfen.

Klar, wir sind doch Pilger, antwortet er und geht munter weiter. Durch einen Innenhof mit Säulengang und Brunnen, einen zweiten, ebenso schönen, und über eine Treppe gelangen wir dann in den Küchenbereich zur Essensausgabe.

Der kleine Extra-Speiseraum für uns Pilger ist recht nett eingerichtet. Alte Stiche über den Verlauf des Pilgerwegs zieren die Wände. Durch das offene Fenster sehe ich in den ehemaligen Klostergarten, wo in alten Bäumen die Vögel zwitschern.

Bis auf die komische Wurst ist das Essen sehr gut. Der Nachtisch, die Mousse au chocolat, ist einfach köstlich. Auch der Wein ist vom Feinsten – oder zumindest um Klassen besser als jeder andere, der sonst im Lauf der Reise zu einem Pilger-Menú gereicht wurde.

Die Innenhöfe haben es mir angetan. So geschützt vor der Außenwelt im Schatten der Säulen vor sich hin zu philosophieren, über Gott und die Welt, ist schon sehr angenehm. Ich bleibe noch etwas und schaue dem Wasserspiel des Brunnens zu.

Allerdings könnte dieser Innenhof ja auch Teil des Pilgerhospitals gewesen sein. Des Hospitals vielleicht, wo Mönche die Kranken und Lahmen versorgten. Meine Gedanken schweifen ab. Ganz hoch oben auf den Zinnen entdecke ich ein Möwenpaar. So weit vom Meer und mitten in der Stadt richten sie sich ihr Nest. Oder brüten sie schon?

In diesem Hotel hier befindet sich die Ausstellung eines Aquarellmalers. Er malt Landschaften und Häuser in zarten Farben. Hafenansichten mit kleinen bunten Booten, auf denen die Fischer bei ihrer Arbeit zu sehen sind. Und die Farben und Reflexe des Meeres malt er in traumhafter Klarheit. Geruhsam betrachte ich Bild um Bild.

Das Wasser scheint die Leidenschaft dieses Künstlers zu sein. Auch beim Betrachten von Bildern regennasser Gassen, sicher in der Altstadt Santiagos, mit lauter Menschen unter Regenschirmen, bilde ich mir ein, es würde draußen regnen. Insgeheim wünsche ich mir, eines seiner Bilder zu kaufen. Doch ich wüsste nicht einmal, welches, so schön sind sie alle. Außerdem bin ich als Pilgerin nun mal mit wenig Geld unterwegs – und in meinem Rucksack könnte ich so ein Bild sowieso nicht verstauen.

Der frühe Nachmittag ist wohl die schönste Zeit des Tages: Die Menschen halten Siesta, auf den Plätzen und Gassen wird es still. Ohne ein wirkliches Ziel schlendere ich nun durch die Altstadt, später bin ich wieder in meinem Café. Es ist gut besucht. Zunächst ungewollt, höre ich die Unterhaltung an meinem Nebentisch. Es wird Deutsch gesprochen. Ein junger Mann schildert einer Dame die Tradition des Pilgerns.

Gerade sprechen sie über den Pilgerpass. Die Dame wüsste gern, wie der aussieht und welchem Zweck er dient. Da mische ich mich ein, einfach ganz spontan und ungefragt, und reiche ihr meinen Pilgerpass.

Sehen Sie, sage ich zu ihr, so sieht er aus. Und jeder Stempel ist von einer Herberge, in der ich geschlafen habe.

Sie sind allein gepilgert? Und was sind das für Herbergen? Sie zeigt ehrliches Interesse, auch an mir. Zu gern möchte sie wissen, was eine Frau meines Alters dazu bringt, durch Spanien zu pilgern.

In all meinem Überschwang, vielleicht auch gefördert durch den guten Rotwein vom Mittag, erzähle ich ihr all das, was mir auf dem Herzen liegt. Schwärme von der Landschaft und den liebenswürdigen Menschen, die mir überall begegnet sind. Berichte von der Schwierigkeit mancher Wege. Und davon, dass ich erst nach einer schweren Krankheit mir diesen Traum vom Pilgern erfüllen konnte. Morgen fahre ich bis an das Ende der Welt, nach Finisterre, schließe ich. Denn da müsse ich auch unbedingt noch hin.

Ob ich wenigstens hier in Santiago in einem Hotel wohnen würde? Die überfüllten Herbergen scheinen ihr das Ärgste zu sein.

Nein, das hätte ich zwar vorgehabt, antworte ich, aber so bezahle ich nur fünf Euro. Ein Pensionszimmer dagegen ist nicht unter 40 zu haben. Das ist mir zu teuer. Ich bin ja schließlich Pilgerin und habe auch nur begrenzt Geld mitgenommen. Außerdem sind die zwei Frauen dort sehr nett, und ich bin mit anderen Pilgern zusammen. Das ist mir auch sehr wichtig.

Dennoch, sie kann sich nicht vorstellen, freiwillig mit 50 Menschen in einem Raum zu schlafen.

Ach, das konnte ich auch nicht, versichere ich ihr. Aber das gehört zum Pilgern dazu, man gewöhnt sich mit der Zeit daran.

Ich weiß nicht ganz genau, wie es passieren kann, aber unverhofft hält die Dame einen 100-Euro-Schein in der Hand und sagt: Darf ich ihnen den anbieten?

Ich bin verlegen und auch erschrocken und erwidere: Aber ich habe nicht betteln wollen. Wenn das so ausgesehen hat, dann bitte ich um Entschuldigung.

Glauben Sie mir, wenn Sie gebettelt hätten, würde ich Ihnen nichts anbieten. Bitte nehmen Sie es. Ich möchte Ihnen so gern eine Freude machen.

Ich überlege, was ich tun soll, und bin sehr verunsichert. Schließlich aber denke ich, du bist Pilgerin und bekommst ein Almosen, das entspricht einer alten Tradition, und nehme das Geld. Aber so ganz wohl ist mir nicht.

Schon bald darauf hält vor dem Café ein Taxi. Der junge Mann begleitet die Dame nach draußen. Ich folge ihnen, um mich zu verabschieden, und sehe, sie hat Schwierigkeiten beim Gehen.

So ganz sicher bin ich mir noch immer nicht, ob es richtig war, diesen Schein anzunehmen. Ich möchte der freundlichen Dame aus der Steiermark gern noch sagen, dass ich dieses Geld mit nach Hause nehme und für meine nächste Pilgerreise verwahren werde.

Bei der 18-Uhr-Messe ist die Kathedrale wieder sehr voll. Ich bleibe gleich im Bereich des Portals. Der wichtigste Teil der Messe ist für mich die Aufzählung der Pilger aus unserer großen, weiten Welt. Manche sind durch halb Europa gepilgert. Aus Warschau und Berlin kommend, aus Lettland und Dänemark, aus Köln, ein älteres Ehepaar ist in Stuttgart losgegangen. Auch aus Österreich und der Schweiz sind sie über die Alpen zu Fuß und durch ganz

Frankreich gewandert. Schritt für Schritt, Kilometer für Kilometer, sind sie mit jedem neuen Tag Santiago de Compostela ein Stückchen näher gekommen.

Nun ist es Abend, und ich habe nur noch einen einzigen Wunsch: Auf dem kürzesten Weg zur Unterkunft, so müde bin ich. Plötzlich ruft eine Stimme hinter mir meinen Namen. Ich halte inne und denke, ich bin bestimmt nicht gemeint, und gehe weiter. Aber wieder ruft eine Frau: Elke! Schon ist sie bei mir, nimmt mich mit an einen Tisch vor einem irischen Pub.

Ehe ich mich versehe, sitze ich in einer Runde mir lieb gewordener Weggefährten. Die junge Australierin hatte mich gerufen, die zusammen mit ihrem Freund vor Sarria so lange mit mir gegangen war. Tom und Elisabeth sind auch hier. Dann der Pilger vom Nordkap, der sich nach seinem Schnee sehnte. Und das holländische Paar, das von hier aus gesehen ja aus meiner Nachbarschaft kommt: Niederlande und Niederrhein. Es ist ein Kommen und Gehen, wir feiern und ... man muss sich diesem Weg öffnen und seiner Seele und den Füßen freien Lauf lassen! Dann gelingt der Weg, und man gelangt sogar bis weit über das Ziel hinaus.

Becky aus Seattle lerne ich hier kennen, die mit ihrer Freundin unterwegs ist. »A Walk to Remember« lautet der Schriftzug auf Beckys himmelblauer Gürteltasche. Eine wunderbare Beschreibung des Jakobswegs! Ein Weg, der in Erinnerung bleibt, aber auch: Ein Weg der Erinnerung – das ist er wahrhaftig.

Becky und mich verbindet ein ähnliches Schicksal. Aus unserer Begegnung wird eine bleibende Freundschaft entstehen. Viele Briefe werden in den kommenden Jahren über den großen Teich hin und her fliegen. Der Wunsch, gesund zu bleiben, fliegt immer mit.

Damit ich wieder nach Hause fliegen kann, muss ich morgen früh vor der Fahrt nach Finisterre als Erstes mein Flugticket ändern lassen. Bei Vorlage der Pilgerurkunde gibt die Iberia einen Pilgerrabatt, wie auch Bus- und Bahnlinien bei erfolgreicher Pilgerschaft einen Preisnachlass gewähren. Bei mir wird sich das leider als nicht möglich herausstellen, weil ich den Rückflug bereits in Deutschland gebucht habe.

Finisterre

Am Ziel deiner Wünsche wirst du
jedenfalls eines vermissen:
dein Wandern zum Ziel.
Marie von Ebner-Eschenbach

Die Fahrt mit dem Bus führt durch eine hügelige Landschaft mit etwas Wald und Feldern und durch kleine abgeschiedene Dörfer. Wie überall blüht auch hier der Ginster. Lange fahren wir durch Eukalyptuswälder. Die letzte größere Stadt heißt Cee. Dort liegen im Hafen richtig große, seetüchtige Schiffe vor Anker.

Weiter geht es auf einer schmalen Straße immer am Meer entlang. Das Grün der Sträucher vermischt sich mit dem tiefen Blau des Wassers. Hin und wieder sehe ich im Sonnenlicht weiße Strände mit dem schillernden Glanz von Perlmutt. Das sieht ganz zauberhaft aus.

Während der Fahrt nach Finisterre denke ich an die zwei jungen Männer, die heute morgen in aller Frühe losgegangen sind und nun hier irgendwo ihren Weg gehen – der eine aus Dresden, der andere aus Salzburg. Erst gestern haben sie sich in der Herberge kennengelernt. Heute pilgern sie gemeinsam bis an das Ende der Welt.

Pilger, die von Santiago auch noch bis Finisterre gehen, müssen sehr gut zu Fuß sein. Die Etappen sind etwa 35 Kilometer lang, in den kleinen Ansiedlungen dazwischen kann man nicht übernachten. Auch die Betten in der Herberge in Finisterre können nur an Fußpilger vergeben werden, es sind zu wenige. Noch scheint der Tourismus in weiter Ferne.

Aber ein paar Meter weiter ist ein Hotel. Dort habe ich ein schönes Zimmer mit zwei großen Fenstern zum Hafen hinaus. »Restaurante Fin de Camino« steht auf einem großen Holzschild vor einer Bar. Ich gehe hinein und bestelle ein kleines *bocadillo*. Wie mögen wohl die großen aussehen, wenn meines schon rechts und links über den Teller ragt! Mit einem Glas Rotwein und Wasser bezahle ich gerade mal 3,50 Euro.

Finisterre ist ein romantischer kleiner Fischerort auf einer Halbinsel im Atlantik. Weiße Häuser, eng gebaut, ziehen sich den Hang hinauf. Unten im Hafen liegen im Schutz der Mole die kleinen Fischerboote. Gerade so wie auf den Bildern des Aquarellmalers aus Santiago sind die Boote in roter oder grüner Farbe und mit leuchtendem Weiß lackiert.

Auf der Mole reparieren Fischer ihre Netze und kontrollieren die Reusen, die aufeinandergestapelt an der Mauer liegen. Im schillernden Sand laufen weiße Möwen hin und her, tauchen emsig ihre gelben Schnäbel ins Wasser. Manchmal lässt sich auch eine größere Möwe nieder, die sich durch ihren dunklen Schnabel und das graubraun gesprenkelte Gefieder von den anderen unterscheidet. Gegenüber den anderen ist sie sehr scheu. Sobald ich mit dem Fotoapparat näher komme, hebt sie sich mit lautem Ruf in die Lüfte und schwebt davon.

Von Nahem ist der Strand nicht ganz so weiß. Kleine grüne und weiße Steinchen liegen verstreut, die wie Glas aussehen. Vom Meer geformt und an Land gespült, liegen sie wie bunte Tropfen im Sand.

Die Kelten verehrten diesen Ort schon vor mehr als 2000 Jahren. Sie glaubten sich hier am Ende der Welt. Obwohl ich ihre religiösen Gründe dafür nicht kenne, ist das aus der Stimmung des Ortes heraus nachvollziehbar. Denn obwohl bei hellem Sonnenschein und blauem Himmel lediglich ein paar weiße Wölkchen über das Meer treiben, ist es hier nicht wie sonst, sondern auch irgendwie unheimlich. Denn ganz weit draußen scheint sich das Meer in einer dichten Nebelwand aufzulösen, und in diesem Horizont verliert sich auch der immer grauer werdende Himmel. Man spürt die ganze Größe der Schöpfung.

Ich liebe das Meer, nicht nur wegen seiner Großartigkeit. Dieser kleine Hafen erinnert mich auch an unseren Ferienort am Mittelmeer, wo wir immer mit unseren Kindern hingefahren sind. Die Kinder waren klein, wir waren jung und hatten unsere Zukunft noch vor uns. Und wir waren so überreich an Liebe und Unternehmungslust.

Mit Brot und Käse und einem Kuchen kehre ich in mein Zimmer zurück. Dort genieße ich dann erst einmal ein ausgiebiges Bad. Die Wanne ist zwar viel zu kurz, trotzdem lasse ich mir immer wieder Wasser dazu. So viel Ruhe hat man ja in den Herbergen nicht. Dort wartet schon immer gleich der Nächste und möchte auch noch warmes Wasser haben. Mit Körperpflege und dem Schreiben von Karten und Tagebuch vergehen die nächsten Stunden. Am Abend gehe ich noch mal zum Hafen hinunter. Ich schaue den Möwen zu, wie sie sich, im Kampf um den besten Schlafplatz, mit lautem Geschrei von Boot zu Boot vertreiben.

Die untergehende Sonne schüttet über dem Meer ihr ganzes Gold aus. Entzückt stehe ich vor diesem Naturschauspiel und sehe, wie das goldene Licht auf den Wellen tanzt, bis sich in einer sanften Brise das Wasser kräuselt und die letzten metallisch schimmernden Lichtreflexe endgültig zerfließen.

Schon eine ganze Weile sitzt ein alter Fischer auf der Kaimauer und schaut mit festem Blick ins Wasser, als suche er dort etwas ganz Bestimmtes. Es sieht aus, als wolle er das Meer beschwören. Bei dem kleinen Leuchtturm, am Ende der Mole, treffe ich auf ein Liebespaar und ziehe mich diskret zurück. Auf dem Rückweg schenkt mir der Fischer ein freundliches Nicken.

Buenas días, señor, sage ich zum Gruß und bleibe stehen.

Buenas tardes, antwortet er.

Sí, buenas tardes, wiederhole ich. Und er fordert mich auf, mich neben ihn zu setzen.

Weil ich ihm so gern sagen möchte, wie schön es hier ist, breite ich meine Arme weit aus, als wollte ich all dies hier umfassen, und sage, *muy bonito, señor.*

Sí, sí, er nickt bestätigend und schaut weiter ins Wasser. Nach einer Weile sagt er, es seien zu wenig Fische im Netz, und er hoffe morgen auf einen guten Fang.

Mañana, sí, señor, muchos pescados, versichere ich ihm. Doch die Steine sind sehr kalt, und bevor ich mich hier noch erkälte, möchte ich lieber gehen und verabschiede mich.

Adiós, señor, y buenas tardes.

Buenas noches, señora, wünscht mir der Fischer.

Ach ja, *noches!* Lachend gehe ich fort.

Von Finisterre nach Santiago

Ach wie ist's erhebend, sich zu freuen
an des Ozeans Unendlichkeit!
Kein Gedanke mehr an Maß und Räume.
Annette von Droste-Hülshoff

Am frühen Morgen bin ich auf dem Weg zum Leuchtturm. Mir war, als müsste ich unbedingt noch dorthin, um
meinen Weg endgültig zu beenden. Dass das noch mal so
anstrengend und unbequem sein würde, hätte ich aber nicht
gedacht! Nach dem ersten steilen Stück verläuft die schmale Straße dann auch nicht gerade eben, und ich benötige für
die fünf Kilometer fast zwei Stunden.

Einsam ist es hier. Niemand außer mir ist da. Weit im
Westen vereinigen sich Meer und Himmel, verdunsten im
Nebel. Vom Atlantik weht ein kühler Wind, die wärmende
Sonne steht mir im Rücken. Ich sehe dem Tanz der Wellen
zu, dem Meer in seiner ewigen Bewegung.

Mit Finisterre ist meine Pilgerreise endgültig zu Ende.
Ich errechne, wie viele Kilometer ich nun tatsächlich
gegangen bin, und wie viele ich leider, weil meine Gesundheit nicht die beste ist, fahren musste. Von den 500 Kilometern ab Burgos bin ich gut 250 Kilometer lang eine ech-
te *peregrina* gewesen. Bin bergauf und bergab über steinige
Wege, manchmal in völliger Einsamkeit, manchmal auch
ohne Essen oder Trinken meinen Weg gegangen – was stre-

ckenweise eine Qual war, die mich an die Grenzen meiner Kraft geführt hat. Auch wenn ich nicht die ganze Strecke gepilgert bin, war mein Weg doch schwierig genug. Der Insektenbiss, der hätte nun wirklich nicht sein müssen! Dieser ewig schmerzende Fuß hat mich schon sehr behindert.

Was werde ich mitnehmen von dieser Reise? Wird es mehr sein als eine nur flüchtige Begegnung mit mir selbst, mit meinen innersten Wünschen und Kräften? Erst die Zeit nach meiner Rückkehr wird zeigen, was von meinen Erfahrungen im Alltag Bestand haben wird.

So wende ich mein Gesicht der Sonne zu. Sie wird mich wärmen und zurückbringen.

Das Frühstück nehme ich auf einer sonnigen Terrasse, in einem Café gleich beim Hafen. Ohne dass wir voneinander wussten, sind auch die drei Österreicherinnen hier. Wir haben sogar im gleichen Hotel geschlafen. Es ist schön, diese drei Freundinnen zu sehen. Sie waren über den Somportpass gekommen, sind durch ganz Spanien gepilgert und verstanden sich prächtig. Nun wandern sie noch zum Leuchtturm hinaus und fahren erst am Abend zurück.

Ich bleibe derweil am Strand. Eine Mutter spielt dort mit ihren Kindern; sanft plätschert das Wasser. Diese Strände sind wirklich unvergleichlich schön.

Während ich den Anblick in mich aufnehme, formen sich in meinen Gedanken Worte. Aus den Worten werden Zeilen, die sich stimmig aneinanderreihen.

Scheinbar mühelos gelingt mir ein Gedicht. Ich nehme Papier und Stift und schreibe es auf. Es scheint mir vollendet.

Becky mit ihrer Freundin ist auch hier. Welch eine Überraschung! Sie sind auf dem Weg zu den Stränden auf der anderen Seite der Halbinsel. Übermorgen werden sie über London nach Amerika fliegen.

Mittags fahre ich zurück nach Santiago. Blau- und Grüntöne bestimmen zunächst die Landschaft. Zwischendurch glitzert das Weiß der Strände. An der schmalen Küstenstraße stehen Kiefern, hohe Farne und der Ginster. Bei den kleinen Gehöften blühen die Obstbäume und in den ummauerten Gärten die Rosen.

Wie auf Stelzen stehen überall diese kleinen Speicher. Sie dienten ursprünglich dem Trocknen von Mais und heißen *hórreos*. Ihre Besonderheit sind die großen flachen Steine, die jeweils den Abschluss der Sockel bilden, sodass ein Überhang entsteht, den Mäuse und sonstiges Getier nicht überwinden können. Das meist mit Ziegeln gedeckte Spitzdach, sehr oft mit einem Kreuz oder auch anderen Symbolen versehen, überragt den Speicher auf allen Seiten. Meist sehr gut erhalten und liebevoll restauriert, sind sie eine Zierde für jeden Hof.

Schnell stelle ich meinen Rucksack in der Herberge ab. Nur wenige Stunden bleiben mir, und die will ich nutzen, um mich in aller Ruhe von Santiago de Compostela zu verabschieden. Als Erstes kaufe ich ein paar Jakobsmuscheln. Und für Peter, weil er so gern Süßes mag, einen Zuckerlöffel in Form einer Muschel.

Ein letztes Mal drücke ich die schwere Klinke nieder und öffne das große Portal. Die Kathedrale ist beinahe leer. Es macht schon einen Unterschied, wenn man nicht, wie ich, ausgerechnet an einem Wochenende ankommt. Aber darauf hat man ja keinen Einfluss. Das Ende des Pilgerns ergibt sich nun mal aus der Summe vieler einzelner Pilgertage.

Gleich bei dem Eingang stehen die beiden spanischen Schwestern. Wahrscheinlich sind sie gerade erst angekommen, sie tragen noch die Rucksäcke. Wie schön, diese beiden noch einmal zu sehen. Auch sie sind überrascht. Wir kommen aufeinander zu und umarmen uns. *Bien, bien,* flüstern sie, und immer wieder gibt es Küsschen auf die Wange.

Diese bewegenden Momente der Begegnung, die ich während meiner Pilgerreise so oft erleben durfte, wird wohl niemand von uns Pilgern je vergessen. Es sind tiefe Erfahrungen, die mein Leben so bereichert haben, dass ich sie nie mehr missen möchte. In Dankbarkeit für all meine Weggefährten und die gesund überstandene Pilgerreise zünde ich kleine Lichter an und erbitte für uns alle eine glückliche Heimkehr. Möge uns allen eine positive Gestaltung unserer Zukunft gelingen!

Alles, was ich heute noch erlebe, wird sich nicht mehr wiederholen lassen. Ab morgen muss ich mir keine Gedanken mehr um eine Wegzehrung machen. Mit ein wenig Essen in der Tasche, Weißbrot und Salami, wird auch diese Fahrt mit der Linie sechs heute die letzte sein.

Zu einem gemütlichen Abschiedsessen gehört nun mal auch eine Flasche Vino tinto. Die nehme ich mir von dem Regal, das unsere Herbergsmutter Maria extra für uns eingerichtet hat. Maria hat zwar keine Küche, aber in einem großen Kühlschrank stehen Getränke, die wir nehmen können.

Mit Irmgard esse ich zu Abend. Sie ist aus Polen, lebt aber

schon lange in Deutschland. Ich schütte ihr von meinem Wein in den Becher, und sie bietet mir von ihrer Butter an. Ich bin ganz aus dem Häuschen, weil ich so gerne Butter esse und in diesen Wochen keine hatte.

Irmgard war ursprünglich mit ihrer Freundin unterwegs. Die ist leider krank geworden und schon längst zu Hause. Wir beide fliegen nun morgen, auch die drei Österreicherinnen, die erst jetzt aus Finisterre zurückkommen. Es ist schön, noch einmal gemütlich zusammen zu sein. Die Gemeinschaft des Pilgerns auszukosten. Bis zur letzten Minute.

Der Würzburger setzt sich noch zu uns. Auch für ihn ist dies der letzte Tag. Morgen fährt er nach Lissabon. Gerade war er bei dem Pilger-Menú, von dem ich ihm erzählt hatte, und bedankt sich für diesen Tipp. Ein japanischer Pilger war mit ihm, der wohl nicht mehr genug Geld hatte. Deshalb plagte ihn während des ganzen Essens ständig die Angst, er müsse das Essen am Ende doch bezahlen.

Weißt du, ich war sehr überrascht, dich hier zu sehen, sagt plötzlich ein junger Mann.

Wieso, frage ich. Ich verstehe seine Bemerkung nicht. Zumal ich mich nicht erinnern kann, diesem jungen Mann irgendwo begegnet zu sein.

Na, sagt er, ich habe dich überholt, und du bist ja kaum den Berg hochgekommen. Ich hatte richtig Angst um dich und dachte, du fällst gleich um.

So schnell falle ich nicht um. Bei Anstrengungen fehlt mir nur der Sauerstoff. Ich habe einen Herzklappenfehler, das ist alles.

Mit einem Herzfehler geht die über den Camino, höre

ich jemanden halb ungläubig, halb anerkennend sagen. Eine andere Stimme fügt lachend hinzu: Oh, vergiss das Hinken nicht.

Ach, das sind doch alles nur Peanuts, wehre ich ab. Es ist mir peinlich, dass sich nun alle plötzlich mit mir beschäftigen. In Santiago überhaupt angekommen zu sein, ist das Wichtigste. Und durch Spanien zu pilgern, ist für jeden von uns eine sehr mutige Entscheidung. Und für mich, und dabei betone ich jedes meiner Worte, ist die wichtigste Erfahrung auf dem Camino: das angstfreie Gehen.

Stimmt, bestätigen mehrere Frauen.

Das ist wahr, sagt wieder eine andere.

Die Männer sind ganz still geworden, wissen vielleicht noch nicht mal, welche Angst wir meinen. Plötzlich schreckt jemand auf und sagt, es ist schon nach zwölf.

Heimreise von Santiago

Wildgänse aus hohem Norden
Wolken weit von Westen her
fließt der Rhein breit und mächtig
stromabwärts Schiffe hin zum Meer
Elke Sauer

Ich habe nicht schlafen können, so nervös war ich in dieser letzten Nacht. Resi muss noch ihren Flug bestätigen lassen und fährt schon morgens um fünf im Taxi mit mir zum Flughafen. Das ist mir sehr lieb. Ich bin froh, Resi an meiner Seite zu haben. Zumal wir zur verabredeten Zeit auf der Straße stehen, aber das Taxi ist nicht da! Nervös renne ich auf und ab und stelle mir die ernsthafte Frage, was ich tun könnte. Zurück in die Herberge kommen wir nicht mehr. Resi sucht mich zu beruhigen: Der kommt noch, wiederholt sie sich. Nach bangen 15 Minuten gehen bei einem Auto die Lichter an. Der Fahrer hatte geschlafen.

Nun sitze ich im Flugzeug und kann mich entspannt zurücklehnen. In wenigen Stunden schon bin ich zu Hause bei meiner Familie. Die Morgenröte, erst nur ein schmaler Streifen Licht am Horizont, weitet sich aus, der Himmel wird immer heller, bis die Sonne mit grellroten Strahlen in das Fenster dringt. Ich sehe das Land unter mir, durch das ich gerade gepilgert bin.

Nach dem Umsteigen in Barcelona startet das Flugzeug

mit einer Stunde Verspätung. Noch ein-, zweimal teilt sich über den Alpen die dicke weiße Wolkenschicht. Im Landeanflug auf Düsseldorf sehe ich unseren Rhein. Ich erkenne die neue Brücke, über die Peter mich gleich nach Hause fahren wird.

Mein Herz ist voller Freude, und die Zeit zwischen dem Flugzeug und Peter wird mir zu lang. Am liebsten würde ich ganz schnell loslaufen.

Da bist du ja endlich, lacht Peter und schließt mich glücklich in seine Arme.

Habe ich doch gesagt, ich komme gesund wieder.

Er will mir den Rucksack abnehmen, aber ich sage: Lass nur, die letzten Meter trage ich ihn auch noch.

Der Weg des Pilgers

Das Bleibende ist der Wandel.
Luise Rinser

Zu Beginn deiner Pilgerreise bist du sehr unsicher. Die Organisation der Pilgerschaft fordert deine ganze Aufmerksamkeit. Dich beschäftigt die Frage, ob du durchhalten wirst, die Tagesetappe nicht zu lang ist, ob du genug zu trinken hast. Ob du an diesem Abend, erschöpft und müde wie du bist, ein Bett haben wirst. Dein Rucksack wird schwer und drückt die Schultern nieder. Die Beine beginnen zu schmerzen. Du hoffst, dass du dir keine Blasen oder Verletzungen zuziehst.

Bald hast du die ersten Aufgaben gemeistert und wirst selbstbewusster. Du kannst deine Gedanken befreien und für Momente das Gefühl genießen, an gar nichts zu denken. Dein Pilgeralltag ist nun Routine, und dir ist es nicht mehr wichtig, ob du mehr oder weniger zu essen hast. Du gibst dich der Schönheit dieser Landschaft hin. Die so vielfältig, traumhaft schön ist. Träumend auch wandelst du hindurch, dankbar für jeden neuen Tag.

Mit der Zeit schärfen sich deine Sinne, der Geist wird reger. Das Erleben intensiviert sich, die Gerüche, das Schmecken und allem voran das Sehen. Du erlangst ein seelisches Gleichgewicht, wie du es dir zuvor nicht hast vorstellen können. Du pilgerst, bereit zur inneren Wandlung, und lässt deiner Seele und den Füßen freien Lauf. Verschwendest keinen Gedanken mehr an das Aufgeben. Auch die Frage nach dem »Warum« stellt sich nicht mehr. Schmerzen und Leid hast du hinter dir gelassen. Deine Mitpilger sind deine Freunde, du fühlst dich wohl mit ihnen. Du vertraust dich ihnen an und bringst dich ein in die große Pilgergemeinschaft. Beseelt von dem Gedanken, am Ort der Freude anzukommen.

Nun bist du angekommen. Legst deine Arme über die Schultern des heiligen Jakobus. Streichelst seine Wange und sagst: Sieh nur, ich bin da. Ich habe es geschafft! Welch wunderbare Fügung. Ein klein wenig scheinst du dich in deinem Glückstaumel zu verlieren.

Doch dann willst du weiter. Wieder festen Boden unter den Füßen haben. Dein neues Ziel ist Finisterre. Das Ende der Welt. Die Erschöpften, so wie ich, oder die, denen die Zeit davongelaufen ist, fahren mit dem Bus. Du gehst zu dem Leuchtturm, setzt dich auf die Felsen, die steil hinabstürzen in den Atlantik. In stetigem Auf und Ab treiben Winde die Wellen voran. Sich übereinander werfend, schlagen sie gegen die Felsen.

Nun ist dein Selbst, dein tiefstes Inneres, bereit, auf Veränderungen zuzugehen, neu zu bewerten und zu akzeptieren.

Die Wandlung ist vollzogen.

Dies ist das Ende deines Weges.

Du gehst zurück und beugst dich über deine Notizen, oftmals zu schnell hingeschrieben, suchst sie zu entschlüsseln. Auf dass dir kein Wort, kein einziger Gedanke und nicht ein einziger Augenblick je verloren geht.

Hoffnung

Kerzen zündete ich an
für dich mein Sohn
in den Kirchen
auf all meinen Wegen

Wünschte dir ein besseres Leben
träumte von glücklichen Tagen
wollte dir nahe sein
aber du bliebst fern

Kerzen zündete ich an
für dich mein Sohn

Hoffte du bist geborgen
hättest ein Bett zum Schlafen
könntest überwinden
deine Sucht nach Drogen

Kerzen zünde ich an
auf deinem Grab mein Sohn

Die zweite Reise
auf dem Camino

Juni 2006

Über den Somportpass
nach Santiago

Die Sehnsucht des Menschen
sind die Flügel seiner Seele
Aus dem Pilgerbuch in Artieda

Der Rucksack ist geschnürt. Ich habe ihn unter sechs Kilogramm gebracht, sogar mit Sandalen.

Seit zwei Jahren habe ich die 100 Euro von meiner Grazer Spenderin aufbewahrt, jetzt tausche ich sie in Fünfziger. Das ist praktischer.

Dank meiner täglichen Wanderübungen glaube ich mich gut vorbereitet. Probleme macht mir nur der Transport der Walkingstöcke, die ich unbedingt dabeihaben will. Jemand gibt mir den Rat, Schaumstoffröhren zu besorgen, wie sie zur Isolierung von Heizungen gebraucht werden. Das geht ganz gut. Mit Klebestreifen an meinem Rucksack befestigt, kommen die Stöcke unbeschadet in Pau an.

Willst du dir das wirklich noch mal antun, diese ganzen Strapazen?, hatte Andreas gefragt, als es gewiss war, dass ich noch einmal gehen würde.

Ja, mein Sohn, ich bin glücklich, wenn ich pilgere, und ich habe so vieles noch nicht gesehen. Das Leben entschleunigen, Andreas, du glaubst nicht, wie gut das tut.

Beim Abschied sagte er: Was immer du suchst, mögest du es finden.

Ankunft in den Pyrenäen

> Die Linien des Lebens sind verschieden,
> wie die Wege sind und wie der Berge Grenzen.
> *Friedrich Hölderlin*

Flug bis Pau, mit dem Bus in die Stadt, von dort mit dem Zug nach Oloron, weiter mit dem Bus die Pyrenäen hinauf. Auf schmalen Straßen über viele Brücken, durch kleine Ortschaften und dichte Wälder, vorbei an kleinen Gehöften und Häusern aus Naturstein in Anthrazit. In einer Jugendherberge in dem Bergdorf Estraut übernachten wir.

Ein Schotte kommt mit mir an. Es ist so lustig, als Madame unser Zimmer aufschließt und Charles feststellt, dass er offenbar mit mir in einem Zimmer schlafen soll. Das scheint ihm unmöglich; zutiefst erschrocken fragt er, ob sie nicht noch ein Zimmer habe. Da bekomme ich mein eigenes – wie bei den Franzosen üblich mit eigenem Bad.

Das Abendessen, Salami und Brot und eine kleine Flasche Rotwein, von zu Hause mitgebracht, teile ich mit Charles. Außer ein paar Keksen hat er nichts dabei, nicht mal ein Buch über den vor ihm liegenden Weg. Typisch schottisch, denke ich und leihe ihm meines, damit er sich wenigstens Notizen über die folgenden Ortschaften und Unterkünfte machen kann.

Früh um sieben fahren wir mit dem Bus über den Somportpass, der Frankreich und Spanien verbindet. Steile

Gebirgshänge tun sich zu beiden Seiten der Straße auf: Wer hier schon losgeht, ist sehr mutig.

In Canfranc-Estación, dem ersten Ort auf der spanischen Seite, steigen wir aus. Ab hier will ich pilgern. Das Tal, noch immer sehr schmal, wird beherrscht von dem Flusslauf des Aragón. Umso bemerkenswerter ist der große Bahnhof in reinstem Jugendstil, der stillgelegt und arg vernachlässigt ist. Zwar wird er gerade renoviert, danach wird er aber sicherlich eine andere Bestimmung erhalten.

Angesichts der steilen Wege gebe ich mein Vorhaben, ab hier zur pilgern, auf. Wehe, wenn ich mich schon gleich hier verletzen würde!

Also fahre ich weiter bis Jaca. Charles hat wohl auch keine Lust zu laufen, denn er schließt sich mir an. Mir ist das unverständlich: Er ist doch höchstens 40, und als Schotte ist er ja sozusagen in den Bergen zu Hause.

In Jaca führt mich mein erster Weg wie immer zur Herberge. Charles will lieber Kaffee trinken, und so trennen wir uns.

Eine sehr freundliche *hospitalera,* sie spricht etwas Deutsch, teilt mir ein schönes Bett zu. Hier gibt es keine Etagenbetten, stattdessen wird sogar jedes Bett mit einer kleinen Trennwand vom nächsten abgetrennt. Einzelne Betten, die gut ausgestattete kleine Küche, großzügige Aufenthaltsräume sowie die fröhliche Laune unter den Pilgern bilden den passenden Rahmen, um in Pilgerstimmung zu kommen.

La Catedral de San Pedro, im elften Jahrhundert erbaut, ist eine der vier ältesten romanischen Kirchen auf dem Jakobsweg. Bedauerlich nur, dass sie sich so eng in das Stadtbild einfügen muss, dass sie ihre Schönheit gar nicht richtig entfalten kann. Jaca war schon zu Zeiten der Römer eine Festung, später Hauptstadt des Königreichs Aragonien. Die Zitadelle aus dem 16. Jahrhundert beherbergt auch heute noch Militär.

Die kulinarische Spezialität dieser Region scheint Kuchen zu sein. In einer Konditorei, wo diese Leckereien gleich kartonweise eingekauft werden, stecken mir spanische Frauen süße Happen in den Mund und zählen die Sorten auf, die ich unbedingt kaufen müsse. Frohen Mutes und mit einem großen Tablett voller süßer Köstlichkeiten verlasse ich das Geschäft.

Mit nur einer kleinen Schar von Kämpfern war es im achten Jahrhundert dem Grafen Aznar Galindez gelungen, sich in der Festung Jaca gegen die Angriffe der Mauren zu wehren. In diesem Kampf sollen die »tapferen Frauen von Jaca« eine wichtige Rolle gespielt haben. Jedes Jahr Anfang Mai feiert die Stadt ein Fest zur Erinnerung daran. Selbstbewusst sind die Frauen von Jaca jedenfalls immer noch, das habe ich gemerkt in der Konditorei, wo sie mich, eine fremde Pilgerin, von ihrem Kuchen haben abbeißen lassen.

San Juan de la Peña

Monde und Jahre vergehen,
aber ein schöner Moment
leuchtet das Leben hindurch.
Franz Grillparzer

Den Somportpass habe ich gewählt, weil man nur so zum Kloster San Juan de la Peña kommt. Und da will ich unbedingt hin! Allerdings ist der Aufstieg sehr mühsam und steil – für mich völlig ungeeignet. Deshalb habe ich noch am Abend ein Taxi bestellt. Als es am Morgen kommt, fahren gleich fünf weitere Pilger mit mir: drei Berlinerinnen und ein Ehepaar. Alle sind jung, noch keine 30.

Schon die Fahrt hinauf ist ein ganz besonderes Erlebnis. Wir sehen Geier fliegen und Milane, die ihre Nester hoch oben in den Steilwänden haben. Die tiefe Stille der Bergwelt wird nur vom Motor unseres Fahrzeugs auf der immer steiler werdenden Straße gestört. Diese Ruhe unterstreicht noch die Pracht der uns umgebenden Natur.

Etwas oberhalb dieses Klosters, auf etwa 1300 Meter Höhe, gibt es einen wunderbaren Aussichtspunkt, den »Balcón del Pirineo«, von wo man in ein tiefes breites Tal sehen kann. Über Felder und Wiesen mit kleinen Ortschaften und verzweigten Flussläufen schweift der Blick bis hinüber zu den majestätisch aufragenden Gipfeln der Pyrenäen. Der Blick auf die über 3000 Meter hohen Giganten, auf denen weiß der Schnee glitzert, ist atemberaubend. Und wieder ziehen über allem die Raubvögel ihre Bahnen. Rötlich schimmert das Gefieder der Milane im Sonnenlicht; durch weiße Federn an Kopf und Hals lässt sich der Gänsegeier sehr gut erkennen. Es ist, als sei ich außerhalb der Zeit, als gäbe es nichts mehr als die Natur.

Das Kloster selbst, San Juan de la Peña, wurde im elften Jahrhundert unter einem riesigen Felsvorsprung auf steiler Höhe erbaut. Selbst in unruhigsten Zeiten konnte es allen Widersachern standhalten.

Der Kreuzgang, der sich unter grobem Gestein auf kleinem Raum geradezu schüchtern hinduckt, wirkt im Kontrast zu den umgebenden Gesteinsmassen derart zart, ja geradezu lieblich, dass ich glaube, mich in nichts Schönerem je bewegt zu haben. Das Innere des Klosters beherbergt einige verhältnismäßig kleine Räume mit gewölbter Decke aus Naturstein. Eine nur selten wahrgenommene Stille herrscht darin. Tief bewegt berühre ich die Steine und sehe durch ein kleines Fenster nach unten ins Tal. Es ist die Stille in diesen Mauern, die mich so sehr berührt, mir tiefen inneren Frieden gibt. Ich nehme etwas Bleibendes mit von hier oben und bin dankbar, heraufgekommen zu sein.

Welch ein Glück, dass ich das Taxi für sieben Uhr bestellt hatte und wir deshalb so früh hier oben waren! Denn jetzt kommen zwei spanische Busse. Schnell noch einmal unter den Gewölben hindurch und hie und da noch ein weiteres Foto, ehe der Lärm der Touristen diesem heiligen Ort die Stille nimmt.

Bis Santa Cruz de la Serós gehe ich erstmal auf der Straße. Die anderen haben sich für den Pilgerweg mit »Hochgebirgscharakter« entschieden. Eine der drei jungen Berlinerinnen geht jedoch mit mir: Sie muss ihr Knie schonen, das sie sich beim Abstieg vom Somportpass verletzt hat.

Radfahrer kommen uns in großer Zahl entgegen. Obwohl sie unter Aufbietung aller Kräfte gegen diesen steilen Berg ankämpfen, haben sie noch immer genug Atem, um uns *Buen Camino* zu wünschen oder wenigstens *Hola* zu sagen. Oft bleiben wir stehen, um sie vorbeizulassen oder wieder und wieder den Anblick der gewaltigen Pyrenäen zu genießen.

Blumen blühen hier in einer Üppigkeit, wie ich sie sonst von kaum einem anderen Ort kenne, schon gar nicht im Hochgebirge. Dazu Insekten, Schmetterlinge und Vögel — ein wahres Naturparadies, allerdings nur noch mit einer kurzen Gnadenfrist. Denn aus der Ruine eines weiteren Klosters, weiter oberhalb von San Juan de la Peña, entsteht gerade ein Luxushotel. Fassade, Säulen und die großzügige Gartenanlage können wir schon mal bewundern.

Ab Santa Cruz folgte ich dem Camino, also dem mit gelben Pfeilen markierten Weg, der sich mit jedem Schritt immer mehr verengt zu einem bloßen Gemsenpfad. Über weite Strecken ist er so schmal, dass ich nicht mal beide Füße nebeneinandersetzen kann. Ohne meine Walkingstöcke würde ich diese kräftezehrenden acht Kilometer niemals schaffen. Doch es ist die Mühsal wert, denn ich bin mittendrin in einer Natur ohne Menschen und lausche in einsamer Stille dem Gesang der Vögel, bestaune die Pracht der Blüten und immer wieder diesen tiefblauen Himmel.

Als ich schon nicht mehr mit ihnen gerechnet habe, überholen mich die drei Berlinerinnen. Beate hat noch Wasser, das sie mir geben kann.

Nach vielen Stunden, ich habe lange nicht mehr auf die Uhr gesehen, gelange ich zu den Häusern von Binacua.

Erschöpft sinke ich auf eine Mauer. Das Wasser ist schon seit längerer Zeit aufgebraucht, und nun bin ich innerlich überzeugt, keinen Fuß mehr bewegen zu können.

Gleich sitzt ein alter Spanier neben mir, ein junger Mann bietet sich an, mich nach Santa Cilia zu fahren. Dankbar setze ich mich in den Wagen. Wenig später fahren wir an den drei Freundinnen vorbei.

Beim Pilgerbrunnen in Santa Cilia ruht das junge Ehepaar. Sie sind auf der Straße weiter ins Tal gegangen und haben noch zwanzig Kilometer vor sich bis Arrés, dort sind sie mit ihrem Vater verabredet.

Ich komme in eine ganz tolle Herberge mit dem Komfort einer Pension, eigentlich sogar noch besser. Die Tür steht immer offen, und auf einem großen Schild ist zu lesen, dass man diese *albergue* jederzeit »entern« könne. Es gibt ausreichend Platz für die Mahlzeiten sowie eine komplett eingerichtete Küche mit Lebensmitteln, die man verwenden darf. Sogar ein großer Fernseher ist da. Die Bäder sind gepflegt, für Männer und Frauen gibt es getrennte Schlafräume. Handtücher kann man sich nehmen, Bettwäsche liegt bereit. Sogleich geben die Berlinerinnen ihre Wäsche in die Waschmaschine. Und das alles für zehn Euro!

Das Örtchen selbst gleicht einem Ferienort mit schmucken Häusern und Blumen davor. Brücken führen über den Fluß Aragón, wo ich lange am Ufer auf warmen Steinen sitze. Blitzartig stürzen immer wieder Milane auf das Wasser herab und holen riesige Fische heraus. Es sind so viele, dass sie sich gegenseitig verjagen. Wohl deshalb – und mit etwas Geduld – bekomme ich sogar einen Milan auf ein Foto.

Der kleine Laden bei der Gaststätte, eine sogenannte *tienda,* die von den Wirtsleuten nur nebenbei betrieben wird, hat ganz eigene Öffnungszeiten. Als wir dann endlich abends um acht Uhr dort einkaufen können, zeigt das Fernsehen den Spanier Nadal beim Tennis in Paris. Sehr viele Leute haben sich in der Gaststätte zum Zusehen versammelt, auch Jungen und Mädchen. Alle fiebern mit, denn natürlich soll Nadal nicht nur dieses Match, sondern auch das ganze Turnier gewinnen – was ihm im Endspiel gegen Federer dann noch während meiner Pilgerreise auch gelingen wird.

In einer dieser kleinen Zeitungen, wie sie auch bei uns in den Briefkästen liegen, lese ich etwas über die Radfahrergruppe, die heute unseren Weg gekreuzt hat. Es handelt sich um eine Tour mit einer Beteiligung von etwa 300 Fahrern, die für einen sozialen Zweck ausgetragen wird. Alle Fahrer, die ein bestimmtes Zeitlimit überschritten haben, müssen Strafe bezahlen – je länger sie brauchen, desto mehr. Auf diese Weise sollen eine ganze Menge Spendengelder zusammenkommen.

Von Santa Cilia nach Arrés

Am Himmel weiße Wölkchen nur.
Es ist so still, dass ich sie höre,
die tiefe Stille der Natur.
Theodor Fontane

Erst gegen sieben bin ich wach. Es war wohl zu ruhig hier. Beate ist schon auf und will nun allein weiter. Erst denke ich, die drei jungen Frauen machen einen Scherz. Aber die anderen beiden wollen erst mal richtig ausschlafen – und mal sehen, vielleicht fahren sie ja auch ans Meer. So schnell kann sich alles ändern: In Berlin hatten die Freundinnen Beate überreden müssen, dass sie mitkommt. Und nach nur drei Tagen Pilgern haben die beiden keine Lust mehr; Beate aber ist so begeistert, dass sie am liebsten gleich bis Santiago pilgern würde, wenn ihre Urlaubszeit dies zuließe.

Sicher haben sich die beiden nicht genug vorbereitet. Auch die Rucksäcke sind viel zu schwer. Man sieht von außen schon, wie vollgestopft sie sind. So viel Gewicht muss ja in die Hüften und Knie gehen.

Ich bin schon seit Monaten beinahe jeden Tag mindestens eine Stunde gegangen, zuletzt auch mit dem original gepackten Rucksack. Zweimal in der Woche bin ich die 102 Meter hohe Halde Norddeutschland des Bergwerks Niederberg rauf, um auch die Steigungen zu trainieren. Bis zurück zu meiner Wohnung sind das zwölf Kilometer.

Buen Camino, ihr drei, wo auch immer ihr hingeht! Es war schön mit euch. Beate in ihrem jugendlichen Tempo ist mir in kürzester Zeit weit voraus. Das stört mich nicht: Auch der längste Weg beginnt mit einem einzigen Schritt.

Bevor ich richtig losmarschiere, halte ich am Ufer des Río Aragón noch einmal kurz inne. Im seichten Wasser sucht ein Storch nach Nahrung. Es ist der erste, der mir auf dieser Reise begegnet; ich freue mich, denn vor zwei Jahren sind mir die großen Vögel ja geradezu zu Begleitern geworden.

Links von mir erhebt sich die Puente la Reina de Jaca, die Brücke der Königin. Schon bald führt mich das Schild »Arrés« auf einen Trampelpfad, einen Berg hinauf. Es wird schon gehen, denke ich. Doch mit dem linken Fuß zum Berg und dem rechten zum Abhang ist die Belastung wieder sehr einseitig. Eine Stunde, stand in meinem Buch. Aber ich brauche zwei, letztendlich sogar fast drei Stunden.

Inzwischen ist es nach Mittag und ich habe kein Wasser mehr. Und das, obwohl ich beim Abmarsch drei volle Flaschen dabeihatte! Dennoch ist es sehr schön da oben. Die Stille ist so angenehm, und über allem liegt dieser herbsüße Duft von Liguster und Buchsbaum, die in dieser Region wild und in hohen Sträuchern wachsen. Auch die Aussicht ist hier wieder großartig; der Blick schweift weit über das Land, über ein Flussbett und Felder bis hin zu kleinen weißen Ansiedlungen.

Ein letzter kleiner Abstieg; nun stehe ich mitten in dem verlassenen Dorf Arrés, das gerade erst wieder dabei ist, sich zu einer neuen Lebensgemeinschaft zu entwickeln. Über viele Jahre hinweg waren Häuser und Gehöfte dem Verfall überlassen; erst in neuester Zeit sind ein paar mutige Menschen zurückgekehrt, um alles wieder aufzurichten. Unsere Herberge ist von einer Pilgervereinigung aus Valencia restauriert worden – eine gewaltige Arbeit für die Männer und Frauen, denn das Haus war bis auf die Grundmauern verfallen. Zurzeit leben in Arrés gerade mal fünf Einwohner! Das sind weniger, als die Herberge Betten für Pilger hat.

Dort geht es mir richtig gut: Ich habe warmes Wasser zum Duschen und bekomme eine Suppe, eine richtig frisch gekochte Suppe mit viel Gemüse und vermutlich Lammfleisch. Den Nachmittag verbringen wir Pilger gemeinsam vor dem Haus in der Sonne. Abends wird gemeinsam gekocht, gegessen und gespült. Für Essen und Schlafen lege ich zehn Euro in den Kasten: Der Verein lebt von Spenden.

Später am Abend schauen wir von der Höhe eines Felsens gen Westen – gen Santiago, könnte ich auch sagen –, wo die Sonne den Himmel verfärbt und glutrot hinter dem hohen Gebirge versinkt.

Es ist die Natur, die uns im Gleichgewicht hält und die wir achten müssen, um weiterzubestehen. So gehe ich diesen Weg auf dem Boden der Erde, tagaus, tagein, um mich zu finden, um bei mir zu sein. Ja, manchmal leide ich auch. Auch das ist Teil der Natur. Prägend aber bleiben das Glück und die Freude, die aus diesem Weg hervorgehen.

Von Arrés nach Artieda

Oh, wie in funkelnder Weite dort,
die sich hügelwärts wölbt,
die Geräusche des Abends vergehen.
Eugenio Montale

Um sechs schnüre ich die Stiefel draußen vor dem Haus, zögere aber, die Jacke anzuziehen, so warm ist es schon.

Stella aus Graz geht gleich in dünnem T-Shirt und kurzer Hose. Sie muss noch ihre Sachen ordnen, also verabschieden wir uns. Sie wird sowieso schneller sein als ich. Am Abend werden wir wieder in der gleichen Herberge sein.

Es geht hügelauf und hügelab, zwischen Feldern und Wiesen. Der Duft von reifem Getreide liegt in der Luft; leise wiegen sich Klatschmohn und Kornblumen im Wind. Nur selten steht ein Baum am Wegesrand, der Schatten spenden könnte.

Einen interessanten Kontrast bilden zwischen den Wiesen immer wieder Areale, auf denen nicht ein Grashalm wächst. In diesen trockenen, windzerfressenen »Badlands« liegen winzigste Schiefersteinchen übereinander; als ich sie berühre, zerfallen sie ohne den geringsten Widerstand zu Staub. Dazwischen hat das Regenwasser an manchen Stellen tiefe Rinnen gebildet, sodass man glauben könnte, dort lägen riesige Tiere. In dieser Formation könnten es Wale sein oder vielleicht Seekühe, die dicht am Strand liegen, wie man es bisweilen in Filmen sieht.

Nach dem Durchqueren zweier Bachläufe komme ich wieder durch grünes Land. Das Gezwitscher der Vögel begleitet mich.

Ein kleines Stückchen gehen Maria und Renaia neben mir. *Elke, mucho calor,* sagen sie.

Sí, sí, bestätige ich. Wenn sogar die Spanierinnen sagen, es sei zu heiß, muss es ja stimmen!

Knapp 20 Kilometer sind es von Arrés bis zur nächsten Herberge in Artieda. Schon sehe ich das Ziel vor mir: Oben auf dem Berg vor tiefblauem Himmel, da liegt dieser Ort. Da muss ich rauf.

Gerade diese Anstiege aber sind meine größte Schwäche. Mein Wasser ist aufgebraucht, und nirgends ist Schatten. So quälen mich Hitze und Durst; in jeder Kurve ruhe ich mich auf den Mauern aus, welche die Straße vor dem Abhang begrenzen. So komme ich nur langsam voran.

Endlich bin ich oben bei der Herberge. Im Schatten großer Bäume empfangen mich meine Weggefährten. Da ist Claude, der von Montpellier gepilgert ist, in Jaca ein paar Tage ruhen musste, weil sein Knie geschwollen war; Maria und Renaia, die hier nur essen wollen und in Ruesta Quartier nehmen; Pedro und Paco sind da und auch Stella, die mit ihrem Freund diesen Pilgerweg gehen wollte. Nun aber ist sie allein und weiß nicht, ob sie weitergehen soll.

Sogleich bekomme ich ein großes Glas Wasser; Pedro rückt mir einen Stuhl in den Schatten. Ich bin so erschöpft, dass ich kaum ein Wort sagen kann.

In Arrés hatte Pedro an dem heißen Herd in riesigen Töpfen das Essen für uns alle gekocht, da habe ich ihn schon sehr bewundert.

Allmählich komme ich zu mir und kann den Ausblick genießen, der weit über das Land reicht, durch das ich gerade gepilgert bin. Vielleicht ist ganz da hinten sogar die Anhöhe von Arrés zu erkennen. Man müsste ein Fernglas haben. Vor allem um die aufregend schöne Kulisse der Pyrenäen deutlicher zu sehen. Etwas unscharf ist sie zwar, aber sonst scheint sie noch immer zum Greifen nah. Dabei bin ich jetzt schon tagelang unterwegs.

Herberge und Gaststätte sind hier noch in einer Hand, wie es wohl früher überall Sitte war. Für unser leibliches Wohl sorgt die Herbergsmutter. Gerade heute feiert sie ihre goldene Hochzeit. Deshalb ist auch die ganze Familie da und die örtliche Presse. Die jüngste Tochter ist sowieso zur Stelle, sie hilft ihr tagtäglich.

50 Jahre haben auch wir bald erreicht, Peter und ich. Das feierliche Treiben um mich her lässt meine Gedanken weit in die Vergangenheit schweifen.

Erste Begegnung mit Peter

Wie war ich nervös, wenn wir uns trafen! Davor bekam ich kaum einen Bissen runter. Mit roten Wangen ging ich ihm entgegen. Wurde erst ruhiger, wenn er seinen Arm um meine Schultern legte.

Für den Rest des Abends litt ich Hunger. Das wenige Geld, das wir hatten, reichte ja mal gerade für Kinokarten, oder um irgendwo zwei Glas Bier zu trinken.

Rosenmontag hatten wir uns kennengelernt. Ich kam aus

Braunschweig. Meine Familie war vor einem Monat ins Ruhrgebiet umgezogen. Wegen meiner Arbeit konnte ich erst jetzt nachkommen.

Ich hatte bereits eine Ausbildungsstelle zur Säuglingsschwester an einem Braunschweiger Krankenhaus in Aussicht gehabt, die ich wegen des bevorstehenden Umzugs dann wieder aufgegeben hatte. Doch brauchte man damals den Nachweis eines Haushaltsjahres. Dieses musste ich abschließen, bevor ich meiner Familie folgen konnte.

Immerhin hatte ich erreicht, dass ich ein paar Tage früher von der Arbeit freigestellt wurde: Wenn ich schon ins Ruhrgebiet kam, wollte ich wenigstens an diesem Rosenmontag schon dabei sein, mit eintauchen in diese ausgelassene Fröhlichkeit, die ich bisher nur im Fernsehen hatte anschauen können, in fadem Schwarz-Weiß.

Die Stadt war voller Menschen. Auf dem Bahnhof fand ich den Ausgang nicht und fragte jemanden. Großes Gelächter um mich herum. Ein paar Jungens sagten, komm, das findet die nie. Wir bringen dich.

Ein sehr großes Mädchen mit langen blonden Zöpfen und Dirndl trug meinen Koffer. Das war mir unangenehm, ich fragte, ob der nicht zu schwer für sie sei.

Mach dir keine Sorgen, das schafft der schon, sagten die anderen Jungens.

Dann schoben sie mich in die Linie neun, meinen Koffer hinterher. Die Bahn war voller Karnevalsjecken. Sie warfen Luftschlangen und sangen Karnevalslieder und schunkelten.

Komm, trink ein Tröpfchen.

Danke, aber Schnaps mag ich nicht.

Fisternöllekes, sagte jemand und legte ein Stück Zucker

in ein Glas, das er aus der Manteltasche zog. Dann goss er einen Korn darüber. So lernte ich gleich bei meiner Ankunft diese Spezialität des Ruhrpotts kennen. Das Bedürfnis, sie selbst zu probieren, hatte ich allerdings nie.

Wie komme ich zu dieser Adresse, versuchte ich mich in der ausgelassenen Stimmung bemerkbar zu machen.

Da muss ich auch lang, sagte eine junge Frau – diesmal war es wirklich eine Frau –, ich helfe Ihnen tragen. Auf dem Weg von der Haltestelle zu unserem Ziel sagte sie: Wenn Sie wollen, dann hole ich Sie heute Abend ab. Ich gehe ins Bahnhofshotel, da feiert der MSV.

Ich verstand nur Bahnhof. Wer war MSV? Aber immerhin, sie ging zu einer Rosenmontagsfeier und hatte mich eingeladen. Natürlich kam ich mit! Schon in zwei Stunden wollte sie mich abholen. Gerade noch Zeit, um mich umzuziehen. Ich zerrte meine Sachen aus dem Koffer. Die Wahl war nicht schwer: Ich hatte nicht viel.

An diesem Abend, in diesem Bahnhofshotel, lernte ich Peter kennen. Er war 19 und ich 17. Ich war in einer solch ausgelassen fröhlichen Stimmung, wie ich sie von mir selbst nicht kannte. Schunkelte mich in den Karneval hinein, sang lauthals die Lieder mit, obwohl ich eine entsetzliche Singstimme habe und keinen Text wusste. Immer der Polonaise hinterher, rannte ich durch alle Säle, und wir tanzten unentwegt. Und ich konnte doch nicht einen einzigen Tanzschritt! Mitten in diesem Trubel sind wir uns begegnet, Peter und ich. Und es war, als würden wir uns Ewigkeiten kennen.

Es war wohl gegen zwei, als ich sagte, ich müsse unbedingt nach Hause. In ein Zuhause, das ich noch gar nicht kannte. Ich war ja kaum lang genug dort gewesen, um meine Familie zu begrüßen – die ohnehin schon ungehalten war, weil ich gleich am Abend meiner Ankunft ausgehen wollte. Hoffentlich gab das nicht doch Ärger, trotz Karneval. Sonst hätte ich sowieso niemals so lange wegbleiben dürfen.

Vor dem Gebäude wollte ich links die Straße runter. Nein, sagte Peter, wir müssen nach rechts. Vertrau mir, ich muss auch in diese Richtung.

Nein, nach links.

Du kannst nicht von der anderen Seite gekommen sein.

Doch, von links, ich schwor darauf. Ging aber mit ihm mit.

Dies ist der richtige Weg, sagte er, vertrau mir.

Später erkannte ich erleichtert das Blumengeschäft, an dem ich auf dem Weg vorbeigekommen war.

Weshalb hast du dir ausgerechnet diesen Laden gemerkt, fragte er.

Ich weiß auch nicht. Ich mag Blumen und wäre gern Floristin.

Wir verabredeten uns für den nächsten Samstag. Er wohnte außerhalb, nur seine Mutter lebte in der Stadt.

Ich verging fast vor Aufregung, zählte die Stunden, dann die Minuten.

Rosenmontag, da macht man viele Versprechungen, gab Mutti meiner glühenden Liebe einen Dämpfer. Karneval ist vorüber. Kind, was erwartest du?

Das Leben, Mutti! Das ganze Leben!

Daran, und dass mich meine Erwartungen nicht getrogen haben, denke ich, während die Familie der Herbergsmutter das Jubelpaar hochleben lässt. Später trifft noch Resi ein. Sie ist aus Linz. Außerdem taucht ein Deutscher auf, so um die 40, in sogenannter Designerkleidung. Ihm wird das Bett über mir zugeteilt. Er aber besteht auf einem Einzelzimmer. In so kleinen Räumen könne er nicht schlafen, sagt er. Im Übrigen müsse er arbeiten. Spricht's, lässt sich demonstrativ auf der Veranda nieder und packt mit großer Wichtigkeit seinen Laptop aus.

Verstehst du, weshalb der nicht bei mir schlafen will, frage ich Resi.

Nein, absolut nicht, aber in meinem Zimmer wäre auch noch ein Bett frei.

Amüsiert tragen wir die nasse Wäsche in den Hof. Recht spät dann allerdings will er wohl doch noch schlafen. In Ermangelung eines Hotels an diesem Ort kriecht er in das Bett über mir.

Von Artieda nach Sangüesa

Des Dorfes steingefasste Quelle,
zu der ihr schöpfend euch gebückt
Ferdinand Freiligrath

Früh verlasse ich Artieda und gehe auf geteerter Straße Richtung Ruesta. Noch liegt die Kühle der Nacht über den Feldern; doch schon färbt sich der Himmel rosa, und die Vögel stimmen ihr Morgenlied an. Mit dem ersten Sonnenstrahl segeln die Schwalben durch die Lüfte. Ich liebe diese Morgenstimmungen. So gehe ich die ersten zwölf Kilometer schnell und beschwingt.

Als Erstes taucht über den Baumwipfeln die Burgruine auf; noch eine Straßenbiegung, dann ich bin in Ruesta. Das Städtchen ist ähnlich verlassen wie Arrés. Hier hat die Anlage eines Stausees Äcker und Wiesen geflutet und diesem Ort die landwirtschaftliche Lebensgrundlage genommen.

Die Herberge in der idyllisch gelegenen Siedlung ist restauriert, ein oder zwei weitere Häuser könnten schon bald wiederhergestellt sein. Es gibt auch einen kleinen Laden, in dem ich Brot und Käse kaufe. Getreu dem Grundsatz, wirf niemals Brot weg, ehe du kein neues hast, hat mein Brot aus Santa Cilia tatsächlich bis hierher gereicht.

Mein Plan ist, an dem Stausee entlang weiter zum Kloster Yesa zu pilgern. Dort will ich übernachten und dann den Weg durch eine Schlucht fortsetzen, die als sehr interessant beschrieben wird. Doch leider nimmt das Kloster Yesa keine Pilger mehr auf, sodass ich dem Camino über einen recht langwierigen Anstieg nach Undués de Lerda folgen muss. Bei dieser Hitze scheint mir das unmöglich; ich bestelle ein Taxi.

Während ich bei dem kleinen Mäuerchen am Ortseingang auf das Auto warte, biegt Resi um die letzte Kurve. Sie ist völlig verschwitzt und froh, hier eine Wasserstelle zu finden. Abgekämpft, wie sie ist, will sie gleich mit mir fahren.

In welch einem großen Bogen das Taxi dann um diesen Berg herumfahren muss, war auf meiner Karte nicht zu erkennen. Wir bezahlen 35 Euro!

Undués de Lerda ist ein netter kleiner Ort. Die Herberge ist noch geschlossen, keine Menschenseele auf der Straße. Auch in der wahrscheinlich einzigen Bar am Ort sind wir die einzigen Gäste.

Ich fühle mich wohl hier und möchte bleiben. Resi aber meint, es sei erst elf Uhr, die zehn Kilometer bis Sangüesa könnten wir leicht noch schaffen.

Trotz der himmlischen Ruhe in Undués de Lerda muss ich ihr recht geben: Es ist wirklich noch zu früh am Tag, um diese Etappe zu beenden. Schon sind wir wieder auf dem Camino.

Erst geht es auf schattigen Wegen zwischen Hecken und Bäumen hindurch über große, holprige Steinquader. Schilder weisen uns darauf hin, dass wir auf den Resten einer alten Römerstraße gehen. Nach dem Überqueren der Landstraße passieren wir den Grenzstein zwischen Aragón und Navarra. An dieser Stelle sind wir zuvor schon mit dem Taxi vorbeigekommen.

Weiter geht es nun auf einer schnurgeraden Schotterpiste, breit und staubig. Hoch am Himmel steht die Sonne. Nirgends gibt es Schatten.

Während ich immer langsamer werde, ist Resi schon weit vor mir. Irgendwann sehe ich Claude, der unter einem kleinen Baum in dessen noch winzigerem Schatten ruht. Zu allem Überfluss nehme ich bei den ersten Häusern den falschen Weg. Vergebens suche ich nach den gelben Pfeilen und gehe einfach weiter auf einer stark befahrenen Landstraße, die mit einem kleinen Umweg dann auch in den Ort führt. Das ist mir noch nie passiert! Eigentlich könnte man auf dem Weg nach Sangüesa einfach seiner Nase folgen: Von Zeit zu Zeit legt sich eine Wolke üblen Geruchs über diese Stadt. Die Ursache dafür: In Sangüesa wird Zellstoff hergestellt.

Auf der Suche nach der Herberge kommt mir Resi entgegen. Sie war schon dort, die Herberge ist wegen Renovierungen geschlossen.

Wir treffen erstaunlich viele Pilger, alle auf der Suche nach einer Unterkunft. Stella will zum Campingplatz etwas außerhalb der Stadt, wo für Pilger ein großes Zelt stehen soll. Claude hingegen kommt von dort und will nun doch lieber ein Hotelzimmer. In einem Café entdecke ich Ranaia und Maria, die uns ein Hotel nennen. Sie wollen noch etwa fünf Kilometer weiter, in eine private Herberge.

Angesichts dieses Hotels wäre es wirklich klug gewesen, weiterzugehen. 40 Euro für ein mieses Zimmer, Toilette und Bad auf dem Flur.

Immerhin kommt im Bad zu meiner Überraschung richtig heißes Wasser in einem dicken Strahl aus der Leitung.

Sogleich lasse ich mir die Badewanne randvoll laufen. Welch ein Genuss für meinen von der Sonne ausgetrockneten Körper! Auch die Wäsche wird noch schön warm gewaschen, vor allem die völlig verstaubte Jeans. Wir haben einen winzigen Balkon mit Eisengittern vor dem Fenster. Es ist so warm, dass die Wäsche dort in einer Stunde trocken wird.

Anschließend wollen wir eine Kleinigkeit essen. Auf der Suche nach einem Tisch in einem Straßencafé treffen wir einen Künstler, von dem Resi unterwegs erzählt hat, ich glaube, ein Holländer.

Er pilgert, sagt Resi, und wolle ein Buch darüber schreiben. Eine gepflegte Erscheinung ist er, das muss ich sagen. Aber wie ein Pilger sieht er deshalb nun nicht gerade aus. Kein Wunder: Er hat längst ein Hotel, und in den Herbergen übernachtet er gar nicht.

Seine herablassende Art stört mich, daher gebe ich vor, noch etwas besorgen zu wollen. Beim Fortgehen treffe ich den Laptopmann. Auch er ist wieder einmal wie aus dem Ei gepellt; sieht aus, als hätte er sich gerade noch seine Hosen gebügelt.

Wo hast du deinen Computer, frage ich.

Im Hotel, anwortet er.

Es ist das große, ein Luxushotel am Ortseingang. Ich war daran vorbeigegangen.

Er wolle sich hier nur ein wenig umsehen, schließlich müsse er wissen, über was er schreibt. Ein kurzes Nicken noch, und eilig wendet er sich zur anderen Straßenseite.

Von Sangüesa nach Monreal

Blaue Länder der Wolken,
Weiße Segel dicht,
Die Gestade des Himmels im Fernen
Zergehen in Wind und Licht.
Georg Heym

Dem Bettzeug im Hotel traue ich nicht, deshalb habe ich in meinem Schlafsack geschlafen. Dadurch war es in dieser Nacht besonders warm.

Gestern war ich mir noch nicht sicher, aber nun steht mein Entschluss fest: Ich werde mit dem Bus fahren. Während Resi sich mit Stella zum Frühstück trifft, mache ich einen kleinen Bummel durch die Stadt in Richtung Bushaltestelle.

Auf den zweiten Blick sieht Sangüesa nun doch sehr ansprechend aus. Ich entdecke manch schöne, oft ungewöhnliche Hausfassade. Sie stammen wohl aus dem 16. Jahrhundert, als Sangüesa noch eine der wichtigsten Städte des Königreichs Navarra war. Die Kirche ist leider geschlossen. Stattdessen beobachte ich die Störche, die im Minutentakt auf dem flachen Turmdach starten und landen, um ihren Jungen das Futter zu bringen. Ich zähle mindestens sieben oder acht Nester. Bei durchschnittlich vier Jungen müssten etwa 40 Störche da oben sein!

Zum Frühstück habe ich warmes Brot, ganz frisch vom

Bäcker. Auf der Bank bei der Haltestelle esse ich es gleich aus der Hand. Zufrieden sitze ich später im Bus und sehe über die Landschaft, durch die ich hätte pilgern müssen, die kegelförmigen Berge mit ihrem schwierigen und sich in die Länge ziehenden Anstieg.

In Monreal angekommen, mache ich mich auf den Weg zur Herberge, um meinen Rucksack abzustellen. Damit habe ich auch gleich den ganzen Ort gesehen.

Monreal, an einem Hügel gelegen, ist ein schmucker kleiner Weinort. Treppen und Gassen verbinden Straßen und Plätze. Auf einem Spielplatz spielen Kinder in rosaroten und hellblauen Kittelchen: Schultracht ist in Spanien noch immer Pflicht.

Die kleine Kirche hat in ihrem Turm drei Glocken, aber keine Uhr. Sie ist sogar offen, die erste seit Jaca. Oben im Turm höre ich Stimmen und wage mich ganz langsam die Treppen hinauf.

Einmal von einem Turm auf den Camino herabsehen, das wünsche ich mir schon lange. Hier könnte es mir gelingen!

Die tragenden Bretter zwischen den Treppenabschnitten sind sehr morsch; nur durch darübergelegte lose Bretter werden sie halbwegs tragfähig. Langsam schiebe ich die Füße vorwärts bis zur nächsten Treppe. Das geht über zwei Etagen ganz gut. Aber dann treffe ich auf die Männer, die, so wie es aussieht, dabei sind, diese Böden zu reparieren.

¡Atención, señora! Völlig entgeistert schauen sie mich an, einer fasst mich bei der Hand. Schade, so kurz vor dem Ziel, aber ich darf nicht weiter. Mit größter Vorsicht bringt mich der Handwerker die Treppen hinunter, nicht ohne andau-

ernd *atención* zu sagen, schiebt mich nach draußen und verschließt die Kirche.

Die Herberge ist schon offen und keinesfalls schlechter als das Hotel. Eine junge Frau, sie hat wohl gerade hier sauber gemacht und ist im Begriff zu gehen, weist auf das Buch, in das ich mich eintragen soll. Dann bin ich allein und Herrscherin über dieses Haus. Anfangs genieße ich die Ruhe, setze mich in die Sonne und bade meine Füße mit einem Extrakt aus Latschenkiefern. Wo kann man das sonst, wenn doch meist die Pilger schon vor den Waschräumen Schlange stehen?

Das linke Bein verträgt wohl die vielen Kilometer nicht ganz so gut und ist auch jetzt noch leicht geschwollen. Gut, dass ich gefahren bin: Ich muss mit meinen Kräften haushalten. Mittags ruhe ich etwas bei geöffnetem Fenster. Der üppige Duft von Rosen und gereiftem Getreide weht herein.

Wie ein helles Band zieht sich der Camino an einem Berg entlang, und so sehe ich Paco des Weges kommen. Paco ist ein schweigsamer junger Mann mit sehr, sehr viel Übergewicht. In Arrés habe ich mit ihm das Gemüse geputzt. Um ihm zu sagen, er könne in dieser Herberge rasten, gehe ich ihm entgegen.

Sein T-Shirt hängt schon lockerer. Ich lobe ihn. Bis Santiago werde er sicher so schmal sein; ich deute mit meinen Händen etwa 30 bis 40 Zentimeter an. Froh, aus den verschwitzten Kleidern zu kommen, duscht er, nimmt einen kleinen Imbiss und freut sich über den Tee, den ich extra gekocht habe. Übernachten will er erst in Tiebas. Das sind noch zwölf Kilometer. *Buen Camino,* Paco! Ich wünschte, ich wäre auch wieder unterwegs.

Inzwischen habe ich das Gästebuch durchgelesen und mich in die Liste der Pilger eingetragen. Hier ist auch die Frage zu beantworten, ob wir aus religiösen, kulturellen oder sportlichen Gründen pilgern. *De todo un poco,* schreibe ich hinein, von jedem ein wenig. Da ich ja genug Zeit habe, mache ich gleich noch den Übertrag zur nächsten Seite.

Gestern hat Beate hier übernachtet; es freut mich, dass sie immer noch unterwegs ist. Am Abend waren sie alle wieder da, die spanischen Freunde, und auch Claude hatte es bis hierher geschafft. Claude ist mehr als 70 Jahre alt! Resi übernachtet im Hotel. Sie ist total erschöpft – diese Hitze und der anstrengende Weg –, ob sie morgen weiterkann, weiß sie noch nicht. *Buen Camino,* Resi! Vielleicht begegnen wir uns in Santiago.

Mitten in der Nacht kommen noch Pilger, die eine schreckliche Unruhe verbreiten. Alle Ermahnungen helfen nichts. Sie sprechen eine Sprache, die wir nicht kennen, und tun, als ob sie uns nicht verstünden.

Von Monreal nach Obanos

Was ist ein Leben voller Mühen,
wenn wir die Zeit nicht finden,
staunend stillzustehen?
Alexander von Humboldt

Im Dunkel der Frühe suche ich meinen Weg durch den Ort, um recht bald auf dem Pfad an einem Hang weiterzugehen. Ich bin schon schmalere gegangen in den letzten Tagen, doch dieser ist sehr holprig und zwingt mich, andauernd bergauf und bergab zu gehen. Unter mir, in der Mitte des Tales, fließt direkt neben der Bundesstraße Wasser in einem einbetonierten Kanal, welches als Teil eines grandiosen Bewässerungssystems bis in den Süden Spaniens gebracht werden soll.

Hier oben aber ist es still und ruhig, nur selten kommt ein Pilger vorbei. Renaia und Maria gehen eine Weile mit mir. Sie wollen heute Nacht bei der Kirche Santa María de Eunate bleiben, dort sei eine *albergue*.

Gern würde ich auch da sein, antworte ich auf ihre Einladung und freue mich schon auf dieses besondere Ereignis. Später begegnet mir noch eine Pilgerin, die zurückgeht. Von Luxemburg bis Santiago de Compostela war sie zu Fuß unterwegs, und jetzt ist sie auf dem Heimweg. Den ganzen langen Weg, wieder *per pie!*

Barbarisch endet mein Pfad aus Stille und Einsamkeit

plötzlich mitten im Höllenlärm riesiger Maschinen und Lastkraftwagen: Der Weg quert ein Zementwerk. Winzig klein komme ich mir vor. Wie eine Ameise, die sich durch heißen Sand wühlen muss.

In Tiebas habe ich die Hälfte der Tagesstrecke hinter mir, bin aber zunächst etwas orientierungslos. In der Hitze des Mittags und erschöpft vom Gehen durch die bergige Landschaft suche ich die Herberge, um mich etwas auszuruhen. Ich muss ja nicht dort bleiben.

In dem Lokal, wo ich nach einem Taxi telefonieren will, treffe ich den Laptopmann und einen etwas jüngeren Pilger. Ich meine ihn zu kennen, wahrscheinlich aus Jaca. Mich überrascht ihre reinliche Kleidung, die weder verschwitzt noch mit dem Staub des Zementwerks behaftet ist. Vor Verblüffung rutscht mir die spitze Frage heraus, ob ein Hubschrauber sie hier abgesetzt habe.

Nein, wir haben hier übernachtet, antwortet der Jüngere.

Hätte ich mir auch denken können! Nun ja, bis bald, erwidere ich etwas verlegen und trete ins Freie, um auf mein Taxi zu warten.

In Enériz lasse ich den Wagen halten. Die Sonne steht nicht mehr ganz so hoch, und über die letzten Kilometer möchte ich mich gern wieder *per pie* der Santa María de Eunate nähern. Voller Ungeduld suche ich den Horizont ab und erwarte ein erstes Zeichen, bis dann endlich die Spitze des Turms sichtbar wird. Eigentlich ist es gar kein richtiger Turm, sondern nur ein schmaler Aufbau mit eben dieser Spitze und zwei schmalen Bogen, in denen kleinere Glocken hängen. Als Nächstes sehe ich ein Dach aus ausgeblichenen Ziegeln, das wie ein großer runder Deckel auf der Kirche liegt. Ich weiß, dass das Gebäude achteckig ist, aber aus der Ferne scheint es mir rund zu sein.

Santa María de Eunate

Außer mir ist niemand bei der Kirche Eunate. Der Name ist baskisch und bedeutet »hundert Pforten«. Ob es wirklich hundert sind, weiß ich nicht, aber durch eine davon trete ich in den Hof ein. Ich lege meinen Rucksack ab und gehe auf dem inneren Gang um die Kapelle herum. Einmal und ein zweites Mal. Nun gehe ich um den äußeren Bogengang, der sich ebenfalls achteckig, aber dennoch kreisrund um diese Kapelle schließt. Einmal und noch einmal. Dann setze ich mich nieder auf diese blanken Steine. Sonne und Regen und Abermillionen Schritte haben sie poliert und ihnen einen tiefen Glanz gegeben.

Eine Zeit lang sitze ich nur so da, ehe ich mich dem Eingang zur Kirche nähere. Nun betrete ich durch die schmale Tür bedächtig das Innere und befinde mich in einem Raum voller Harmonie, in dem die zu einem Kunstwerk zusammengefügten Steine nur für sich selbst sprechen. Durch schmale Fenster fallen ein paar Sonnenstrahlen. Vor dem Altar, einer kunstfertig ausgemauerten Wölbung aus gleichem Gestein, sehe ich Claude. Leicht nach vorn gebeugt, mit dem Rücken zu mir, befindet er sich in tiefer Andacht. Still setze ich mich auf eine Bank. Auch diese ist eher schmucklos, so bescheiden wie das ganze Kirchlein. Ohne jeden Tand, der den Blick auf weltliche Äußerlichkeiten lenken würde.

Inzwischen sind noch weitere Pilger gekommen, aber nicht meine spanischen Freundinnen. Ich gehe zum einzigen Haus hinüber, in dem ich die private Herberge vermute. Vor dem Eingang steht ein Tisch mit aufgestapelten Stühlen. Ich sehe ein Stempelkissen, aber keinen Stempel und insbesondere keinen Hinweis auf eine *albergue*. Ganz im Gegenteil: Auf einem Schild lese ich, man möge die Privatsphäre achten. Ich gehe um das Haus herum, um möglicherweise einen Blick durch die Fenster zu erhaschen. Aber innen bleibt es still. So gehe ich weiter und habe von der Eunate noch nicht mal einen Stempel in meinem Pilgerpass.

Irgendetwas muss ich übersehen haben. Dennoch gehe ich weiter den kleinen Hügel hinauf, auf dem eine Bank zur Aussicht steht. Dort setze ich mich nieder und schaue auf diese kleine Kapelle, die in der Welt ihresgleichen sucht.

Ihre Aura möchte ich festhalten und nie mehr missen. Ihr genauer Ursprung und Zweck sind nicht eindeutig geklärt; fest steht nur, dass sie etwa im zwölften Jahrhundert im romanischen Stil erbaut wurde. Aber ist das nicht unwichtig, angesichts dieser Harmonie? Reicht es nicht aus, wenn dieser heilige Ort ohne Wenn und Aber nur für sich selbst spricht?

Nun bin ich in Obanos, einem kleinen Ort, der ein wenig abseits liegt. Das heißt, abseits ist er nur für Pilger, die auf der Landstraße gehen und zwangsläufig die Eunate oder auch Obanos verpassen. Mir scheint, als seien das nicht gerade wenige. Erstaunlich, denn schließlich treffen sich hier die beiden großen von Frankreich herkommenden Pilgerwege. Allgemein gilt jedoch Puente la Reina, das ein paar

Kilometer entfernt liegt, als Knotenpunkt der beiden Wege. Puente la Reina hat allerdings auch den zweifelhaften Ruhm, dass es die einzige Herberge auf dem Jakobsweg mit dreistöckigen Betten hat. Obanos hingegen hat neben gepflegten Unterkünften noch sehr viel mehr zu bieten. Sogar die Kirche ist tagsüber für uns Pilger geöffnet. In jedem zweiten Jahr verwandelt sich Obanos in eine mittelalterliche Stadt, in der die Bewohner ein immer wieder neu inszeniertes historisches Schauspiel darbieten. Leider findet es erst im Juli statt, sodass ich nicht dabei sein kann. Aber wer weiß – vielleicht werde ich rechtzeitig wieder hier vorbeipilgern?

Eine intensive Begegnung

Fast hätten wir uns gegenseitig umgerannt, als wir das Gasthaus betreten. Wir sind uns auf Anhieb sympathisch und setzen uns an einen Tisch. Mit etwas Geplänkel, dem Bestellen von Essen und dem ersten Schluck Rotwein erfahre ich, dass sie Psychologin ist, in Frankfurt wohnt und vor zehn Jahren schon einmal nach Santiago gepilgert ist.

Ich heiße Ulla, sagt sie.

Und ich bin die Elke.

Danach sind wir mit dem Essen beschäftigt, reden wenig, die Flasche aber neigt sich dem Ende zu.

Viel zu wenig Wein heute.

Wir bestellen eine neue, während sie von ihrer Arbeit berichtet, vornehmlich mit Jugendlichen.

Eine äußerst schwierige Arbeit, bemerke ich und konzentriere mich auf das, was sie zu sagen hat. Später erzähle ich von Michael. Sie sagt: Über so einen ähnlichen Fall habe ich mal ein Buch gelesen. Typisch ADHS, habe sie damals gleich gedacht. Heute sei man ja viel weiter.

Dieses Buch, sage ich, ist von mir, und das Kind ist mein Sohn. Ich erzähle von seinem tragischen Ende.

Ulla hört aufmerksam zu. Das Schlimmste ist, sagt sie schließlich, dass bei ihm die soziale Komponente nicht ausgebildet war. Das wirke sich absolut verheerend auf das Kind und das gesamte Umfeld aus.

Sogleich fällt mir die Szene ein, die mir neben vielen unsäglichen Geschehnissen stets präsent geblieben ist. Ich sollte Michael in die psychiatrische Klinik zurückbringen. Dort war er, um ihn nach seiner Flucht aus der Bundeswehr vor einer Gefängnisstrafe zu schützen. Bisher hatte er sich in der Klinik gut gefühlt und sich bereitwillig eingebracht.

An diesem Wochenende war er bei uns gewesen. Mit frischer Wäsche, und was man sonst so mitgibt, wollten wir gerade die Wohnung verlassen. Da sagte Michael: Du, Mama, ich hab bei einem Kumpel die Schlüssel vergessen. Ich hol sie eben schnell, der wohnt gleich um die Ecke.

Ehe ich reagieren konnte, war er weg. Komm sofort wieder, rief ich ihm noch nach.

Eine Stunde verging, er hätte längst in der Klinik sein müssen. Ich begann ihn zu suchen. In meiner Verzweiflung störte ich sogar Andreas während einer Schulstunde und fragte ihn, wo ich noch suchen könnte.

Hier um die Ecke stehen auch Bänke, warst du da schon?

Ich war überall in der Fußgängerzone gewesen. Aber wenn da noch irgendwo Bänke standen ... Ich machte mich auf den Weg.

Tatsächlich. Da war er! Mit einem älteren, etwas heruntergekommenen Mann. Einem Penner, müsste ich eigentlich sagen, möchte ihm aber nicht zu nahe treten.

Zwischen sich hatten die beiden Männer eine ganze Lage Dosenbier. Viele schöne, silberne, im Sonnenlicht glitzernde Dosen. Aber das Fantastische war: Diese Dosen, die da in der strahlenden Morgensonne standen, waren alle noch voll. Daneben saß mein Sohn in völlig entspannter Haltung. So glücklich hatte ich ihn selten gesehen. Zumindest nicht mehr, seit er den Kinderschuhen entwachsen war. Neben ihm der Penner wirkte überhaupt nicht störend. Vielmehr fügte er sich harmonisch ein in dieses Bild, als gehöre er dahin.

Das ist die Welt deines Sohnes.

Wie ein Blitz traf mich diese Erkenntnis.

Diese Szene wird immer in meinem Gedächtnis bleiben, sosehr ich sie auch auszulöschen versuche und mich dieser Erkenntnis erwehren will, die mich damals für Sekunden ergriffen hat.

Ich habe schon immer anders gedacht als ihr, hatte Michael bei seinem letzten Besuch gesagt. Ich lebe auf der Straße. Das ist mein Leben.

Diese Szene war der Beweis dafür, dass er das wirklich so meinte. Nicht als Provokation, sondern weil er nicht anders konnte.

Siehst du, das meine ich, sagt Ulla nachdenklich. Du hast ja schon immer gewusst, dass mit deinem Sohn etwas nicht stimmt. Das weiß eine Mutter. Nur die Ärzte haben sich nicht rangetraut. Heute kann man die Gene bestimmen und den Stoffwechsel beeinflussen. Heute wäre es, wenn eine Mutter so hartnäckig bleibt, nicht mehr möglich, dass eine solche ADHS nicht diagnostiziert wird.

»Die Auswirkungen einer Aufmerksamkeits-Defizit-Hyperaktivitäts-Störung (ADHS) kann man sich nicht vorstellen – man muss sie erleben!«, lautet die Aussage einer Ärztin und betroffenen Mutter in dem Sachbuch »ADHS kontrovers« von Gerhild Drüe. Ulla kennt auch dieses sehr kompetente Buch. Mein Buch über Michael wird darin mehrere Seiten lang zitiert. Doch dass es ADHS war, woran Michael litt, erfuhren wir erst, als es zu spät war.

Das Lokal ist leer, der Wirt wischt die Tische und rückt die Stühle zurecht. Wir haben die Zeit vergessen, nichts ist uns wichtiger gewesen als unser Gespräch.

Ob meine Herberge noch offen ist? Mitternacht ist vorüber, das Tor ist zu.

Macht nichts, sagt Ulla, in meinem Zimmer stehen noch zwei Betten.

Bis zu ihrer Pension ist es nicht weit. Wir schleichen über eine Treppe, durch einen langen Flur, und wie zwei Teenager kriechen wir kichernd unter die Bettdecke.

Von Obanos nach Logroño

Lass den Abend die Fehler des Tages verzeihen
und damit Träume gewinnen für die Nacht.
Rabindranath Tagore

Morgens um fünf klingelt Ullas Wecker. Sie geht längere Strecken und muss weiter.

Buen Camino, Ulla, ich danke dir für diesen Abend. Meine Herberge ist offen. Ich mache mich etwas frisch, und dann kann's losgehen.

Ich bin noch etwas benommen von dem Wein, doch das Gespräch mit Ulla hat mich sehr glücklich gemacht. Ich weiß jetzt, ich bin nicht allein, und fühle mich bestärkt in dem Wissen, dass mein Kind nicht aus purer Boshaftigkeit wider jede Vernunft handelte; dass er einen anderen Weg gewählt hätte, wenn ihm dies möglich gewesen wäre.

Als ich auf der Puente la Reina den Río Arga überquere, kommt die Sonne hervor. Diese alten steinernen Brücken haben etwas Zauberhaftes, aber durchaus auch eine existenzielle Symbolkraft. Schließlich war es in Zeiten ohne Brücken äußerst schwierig und nicht selten lebensgefährlich, über oder vielmehr durch einen Fluss zu gelangen. Zudem musste man dem Menschen, mit dem man einen Fluss durchquerte, absolut vertrauen können. »Gehst du mit mir über?«, ist bei uns am Niederrhein mancherorts noch heute eine beliebte Redewendung. Einen Moment lang bleibe ich am Fluss stehen und ziehe gleich in der ersten Morgensonne die Jacke aus. Ein heißer Tag erwartet mich.

Nur wenige Menschen sind unterwegs, wohl zur Arbeit. In einer Bäckerei kaufe ich Brot und süßen Kuchen. Während ich weitergehe, esse ich von dem Brot, das noch warm ist. Nicht einmal zehn Kilometer habe ich geschafft, da ist mein Wasser alle. Mañeru heißt der Ort, in dem ich einen Laden suche, um mir eine große Flasche Orangensaft zu kaufen. Ich trinke sie gleich dort auf der schattigen Treppe leer.

Es ist noch nicht einmal Mittag. Aber ich sehe kein Weiterkommen, jedenfalls nicht zu Fuß. Ein Bus wäre die Rettung. Ich frage in dem Laden. Der Sohn bringt mich zur Haltestelle. Von ihm lerne ich, dass man im Wartehäuschen zu stehen hat, gleichgültig auf welcher Straßenseite der Bus halten wird.

Dann folgt eine große Überraschung. In diesem Bus treffe ich all meine spanischen Freunde. Wo ich gestern Abend gewesen sei, weshalb ich nicht gewartet hätte, werde ich gefragt.

Ich wollte in Estella übernachten, sie aber fahren bis Logroño. Ich lese in meinem Buch nach, wie weit das ist, und frage, weshalb sie so eine lange Strecke fahren.

Elke, finito, we must work next day. Maria spricht etwas Englisch.

Ob ich mit ihnen fahren soll? Noch zögere ich. Aber dann höre ich ein leises Flüstern, das mir sagt: *Logroño is near Santiago.*

Suchend schaue ich mich um. Aber wer immer auch gesprochen hat, die Würfel sind gefallen. Ich kaufe ein neues Ticket.

Pedro hat in Logroño sofort Anschluss nach Madrid. Wir bleiben bei ihm, bis der Bus abfährt. Zwei junge Mädchen wohnen in einem nahen Dorf und werden gleich abgeholt. Maria und Renaia sind in Logroño zu Hause. Sicher werden sie schon sehnsüchtig erwartet, haben doch die Ehemänner in ihrer Abwesenheit die Kinder versorgen müssen. Aber noch sind sie *peregrinas* und begleiten mich zur Herberge. In einer Bar essen wir ein paar Tapas, trinken das letzte Glas Wein. Ewas Melancholie legt sich über diesen Abschied. Ich verspreche, ihnen eine Karte aus Santiago zu schicken.

Logroño hat eine recht schöne Innenstadt, aber die Kathedrale bleibt auch am späten Nachmittag verschlossen. In einer sogenannten Schinkenbar, in der unzählige Schinken von der Decke herabhängen, esse ich ein Baguette mit – ja, natürlich, mit Schinken.

Lange verweile ich an den Ufern des Río Ebro. Der Ebro ist der größte Fluss Spaniens; in der Nähe von Tarragona, bei Tortosa, hat er sich ein einzigartiges Flussdelta geschaffen, an dessen Mündung er sich ins Mittelmeer ergießt. Seltene Wasservögel und auch Singvögel sind in diesem Naturschutzgebiet beheimatet. Rosafarben leuchten die Flamingos über dem schillernden Blau des Wassers. In großen Gruppen stehen sie beisammen und beugen sich hinab, um mit ihren Schnäbeln das Wasser zu seihen. Hier in Logroño jedoch ist der Ebro noch recht schmal. Störche waten durch das Wasser. Auf den umliegenden Häusern sehe ich viele Nester, in denen der Nachwuchs auf Nahrung wartet.

Als ich zurückkomme, steht ein Esel vor der Herberge. Doch leider sind weder der Esel noch sein Pilger willkommen, nicht einmal im Hof. Ich höre das Wort Hygiene.

Am Ende schickt man den Pilger einfach weg, in die Nacht hinein, ohne ihm einen anderen Schlafplatz anzubieten! Ausgerechnet in dieser Nacht kommt ein fürchterliches Gewitter über die Stadt. Seit Langem habe ich nicht solch einen schweren Donner gehört. Mehrmals glaube ich, irgendwo habe der Blitz eingeschlagen. Binnen kürzester Zeit fließt knöchelhoch das Wasser durch die Gassen.

Ich denke an den Pilger und den Esel. Wo sind sie wohl untergekommen? Oder liegt der Mann jetzt triefend nass auf irgendeiner Wiese in seinem Zelt? *Buen Camino* euch beiden, denke ich beklommen, auf dass sich das Wetter morgen wieder bessern möge.

Von Logroño nach Ventosa

Das Leben in der Natur gibt
die Wahrheit der Dinge zu erkennen.
Albrecht Dürer

Es ist ein wundervoller Morgen. Die Luft ist frisch und kühl, ein leichter Nebel steigt auf. Laut lärmend fliegen über meinem Kopf die Mauersegler.

Logroño verdankt seine städtische Entwicklung dem Jakobsweg und dem Wein, liegt diese Stadt doch inmitten des Rioja, des größten Weinanbaugebiets von Europa.

Das Pilgerdenkmal habe ich schon fotografiert. Es gefällt mir außerordentlich. Endlich einmal wird eine Frau dargestellt: eine *peregrina,* die in moderner Kleidung und mit kräftigem Schritt ihrem Ziel entgegengeht. Ich finde es ganz toll, dass hier eine *peregrina* für wert befunden wurde, dass man sie auf ein Podest hebt. Schließlich sind mehr als 50 Prozent aller Pilger Frauen. Weil ich *peregrina* unter dem Schutz des heiligen Jakobus durch alle Landschaften pilgern kann, ohne Angst haben zu müssen, gehe ich sogar allein, wie so viele andere Pilgerinnen auch.

Meiner *peregrina* hier haben sie dann aber doch lieber noch einen Mann zur Seite gestellt. Ganz diskret wird er allerdings immer einen Schritt hinter ihr bleiben.

Wir gehen an einem See entlang, durch ein Freizeitgebiet. Wenn ich »wir« sage, dann meine ich die vielen Pilger, die plötzlich vor mir, hinter mir und neben mir gehen. Ich weiß gar nicht, wo sie alle herkommen. Vielleicht sind es Wochenendpilger oder Bustouristen.

Jedenfalls stört mich dieses ewige Reden. Wie immer, wenn sie in Gruppen gehen und sich unterhalten und jeder etwas Wichtiges zu sagen hat, ist der Geräuschpegel erheblich. Also gehe ich etwas vom Weg ab, gönne mir eine Frühstückspause und lasse die Menschenmassen an mir vorbeiziehen.

Auf einsamen Wegen gehe ich nun durch das Land des Rioja. So weit das Auge reicht, erstrecken sich die Weinstöcke über sanfte Hügel hinweg. Die Erde ist braun und noch feucht von der Nacht. An knorrigen Weinstöcken wächst üppig das Grün; in manchen Lagen wird es schon geschnitten und gebunden. Blumen in zarten Farben blühen am Wegesrand; in Sträuchern und Hecken füttern Vögel ihre Jungen. Hin und wieder sehe ich eine Ansammlung von Steinmännchen. Beim Gehen entpuppen sich die sanften Hügel aber als sehr unbequeme Steigungen, weil sie sich so in die Länge ziehen.

Bis zum Nachmittag gehe ich zwischen Weinbergen unter heißer Sonne, bei strahlend blauem Himmel. Schon seit einer ganzen Weile sehe ich den Pilger mit dem Esel vor mir; auf einem geraden Wegstück komme ich ihm sogar etwas näher.

Bei dem Abzweig, an dem er gerade vorbeigeht, möchte ich den Pilgerweg verlassen, um in Ventosa zu übernachten. Zwar hat die Herberge nur 26 Betten, aber in diesem kleinen Weinort etwas abseits vom Weg wird wohl auch ein Bett für mich sein. Später bin ich froh, dort hingegangen zu sein. Denn wie alle kleinen Herbergen in diesem wunderbaren Land des Rioja ist sie urgemütlich und sehr familiär. Ganz spontan rufe ich, so laut ich kann, *una albergue,* und weise auf diesen linken Abzweig.

Er winkt, dreht seinen Esel und geht nach links. Als auch ich endlich oben in dem Ort ankomme – diese Herberge ist mal wieder am höchsten Punkt einer ungeheuer steilen Straße –, nimmt er gerade dem Esel die schwere Last vom Rücken. Nun darf das Tier auf eine wunderbar grüne Wiese, und der Pilger hat ein richtiges Bett, wenigstens für diese Nacht.

Ich würde mich gern mit ihm unterhalten. Aber er spricht ausschließlich eine Sprache, welche ich noch nie gehört habe.

Von Ventosa nach Azofra

Schweigende Düfte der Gräserfülle
Sommerzeit fließend wächst
trägt reifend träumende Farben
Wilma Kürschner

Trotz der Hitze war das Klima gestern nach dem Gewitter sehr angenehm. Ohne größere Probleme bin ich über 20 Kilometer gegangen.

Aber jetzt ist es schon wieder viel zu warm. Ich habe einfach das Pech, dass ich in eine Hitzeperiode geraten bin. *Elke, mucho calor,* höre ich in Gedanken.

Auch ist der Anstieg zum Pass der Steinmännchen, der vor uns liegen soll, zwar nicht sehr steil, aber durch seine quälende Länge geht er sehr in die Beine.

Ein Pilger aber hält mit mir Schritt. Er ist nicht ganz gesund und geht deshalb so langsam.

Ursprünglich ist er Westfale, hat aber nach Österreich geheiratet. Das finde ich ganz toll. In Österreich zu leben, muss wunderbar sein.

Ganz so einfach sei das nicht, erwidert er, meine Heimat bleibt Westfalen. Da bin ich aufgewachsen, und da sind meine Eltern beerdigt.

Ich pflichte ihm bei, denn ich weiß, wovon er spricht. Schließlich habe auch ich meine Heimat verlassen: von Wolfsburg ins Ruhrgebiet. Mein Gott, wie sehr habe ich anfangs unter Heimweh gelitten! Gleichgültig, wie wohl wir uns in unserer Wahlheimat fühlen, die Sehnsucht nach der alten Heimat bleibt. Obwohl wir dort, nüchtern betrachtet, gar keinen Anschluss mehr finden würden und erst recht nicht das Glück, das wir glauben verloren zu haben.

Tatsächlich stehen Hunderte von Steinmännchen Spalier, als wir uns der Bergkuppe nähern. Endlich oben angekommen, haben sich all die Mühen gelohnt. Es ist traumhaft schön hier oben. Über viele kleine Hügel erstrecken sich die Weinreben. Der Himmel ist von einem Blau, das es wohl sonst nirgends gibt. Wie Gold in der Sonne schimmern die Getreidefelder, umrahmt von tiefem Grün. Ab und an sieht man ein kleines Dorf, dicht an einem Hügel, mit dem Kirchturm als höchstem Punkt. Während ich ruhe, um wieder zu Kräften zu kommen, ist mein Mitpilger bereits gegangen.

Bis Nájera komme ich gut voran. Vorbei an den Ausgrabungen eines Pilgerhospitals aus dem zwölften Jahrhundert gehe ich durch schmale Straßen bis zu einem Flussufer, wo ich mich auf Steinen niederlasse. Kleine weiße Blüten schwimmen auf dem Wasser. Es sind so viele, dass sie den Fluss wie ein großer weißer Teppich bedecken. Eine leichte Strömung bringt die Blüten in ständige Bewegung. Das sieht ganz entzückend aus. So etwas habe ich noch nie gesehen.

In das berühmte Kloster gelangt man nur zu festen Besichtigungszeiten. So gehe ich gleich weiter und quäle mich wieder einmal einen steilen Berg hinauf.

Als ich oben bin, kommt mir wie aus heiterem Himmel ein heißer Luftstrom entgegen. Ein föhn- oder mistralähnlicher Wind fegt über die Weinberge und wirbelt den Sand unter meinen Füßen auf. Je näher ich Azofra komme, desto stärker wird der Wind und desto trockener die Luft. Mein Wasser teile ich in kleine Schlucke ein: Es muss reichen bis zur Stadt!

Im Dunst von Sand und Hitze verschwimmt der Horizont zu einer milchigen Flüssigkeit. Sogar die nahen Kirchtürme verlieren ihre Konturen. Ich habe das Gefühl, als käme ich keinen Schritt voran, ja, als würde sich die Stadt von mir entfernen. Aber ich lasse nicht nach, ganz im Sinne des alten Pilgergrußes: *Ultreia!* Immer vorwärts!

Wäre ich doch nur schon raus aus diesem Wind! Ich sehe, dass selbst kleine Gemüsegärten durch hohe Mauern und Lattenwände vor diesen Stürmen geschützt werden, und suche fieberhaft die Wegzeichen zur Herberge.

Dann endlich stehe ich vor dem Tor. Erleichtert drücke ich die Klinke nieder und komme in einen Innenhof, der von hohen Mauern umringt ist.

Kein Wind zerrt mehr an mir. Erst mal in Ruhe durchatmen; ich rücke mir einen Stuhl in den Schatten.

Nach einer Weile melde ich mich an und begegne einer ausgesprochen liebenswürdigen *hospitalera.* Ihre freundliche Begrüßung erfüllt mich als *peregrina* mit einem tiefen Gefühl der Dankbarkeit. Ich bin dankbar für diese Herberge und für diesen Weg – und für mein Leben.

Zweibettzimmer gibt es hier, wie damals in Cacabelos. Meine Kammer teile ich mit einer Französin, etwas jünger als ich. Eilig ziehe ich die versandeten Kleider aus. Zu meiner Freude rieselt in der Dusche richtig warmes Wasser auf mich herab.

Dies ist eine Unterkunft zum Wohlfühlen. Sie ist mit allem ausgestattet, was das Pilgerherz begehrt. Sogar das Geschirr ist richtig sauber, sodass ich mir ohne Bedenken einen Tee aufbrühen kann. Zum Essen setze ich mich mit zwei Pilgern an den Tisch.

Beide sind direkt vor ihrer Haustür losgegangen. René, ein junger Schweizer, ist über Genf und Le Puy gepilgert. Thomas aus Köln ist über Aachen, Paris und Bordeaux gekommen. Sie sprechen von der Schönheit der Landschaften und von einsamen Wegen, auf denen sie zuweilen einen ganzen Tag lang nicht einem einzigen Menschen begegnet sind.

Thomas ist ein begeisterter Erzähler; gespannt höre ich ihm zu. Gleich nachdem er in Rente gegangen ist, hat er sich diesen Lebenstraum erfüllt. Dagegen wirkt René etwas verloren und spricht von Problemen in der Ehe. Eines Tages habe er diese ständigen Streitereien nicht mehr aushalten können und sei ohne jede Vorbereitung einfach nur weggegangen. Im Moment wisse er nicht, wie sich dieser Streit noch entwickeln werde. Aber immerhin könnten sie sich jetzt, während der Telefonate, wenigstens einigermaßen vernünftig unterhalten. Möge dieser Pilgerweg ihm helfen, seine Lebenslinie neu zu finden!

Irgendwann in der Nacht hört der Sturm auf und damit auch das lästige Klappern der Bretter, die als Schutz vor diesen Stürmen außen vor den Fenstern angebracht sind. Zusätzliche Bretter waren sogar auf den hohen Mauern und direkt vor der Terrasse befestigt. Wer hier bei normalem Wetter ankommt, wird sich sicher fragen, weshalb ausgerechnet diese Herberge mit Brettern vernagelt ist.

Von Azofra nach Santo Domingo de la Calzada

Nimm dir Zeit zu träumen,
es ist der Weg zu den Sternen.
Aus Irland

Nur 15 Kilometer sind es von Azofra bis Santo Domingo. Gerade bin ich dabei, einen Anstieg zu bewältigen, der wieder einmal sanft beginnt, dann aber kein Ende nehmen will und immer steiler wird, als plötzlich Beate neben mir ist.

Buen Camino, sagt sie, ist das nicht ein herrlicher Tag?

Ja, jeder Tag ist schön, bestätige ich und freue mich, ihr noch einmal begegnet zu sein.

Ich bin noch gut in der Zeit, sagt sie, wenn ich heute bis Belorado komme ...

Beate, übernimm dich nicht, das sind 40 Kilometer.

So viel sei sie gestern auch gegangen. Bis Frómista wolle sie noch, um dann im nächsten Jahr bis Santiago zu pilgern. Ich muss im Rhythmus bleiben, meint sie.

Buen Camino, viel Glück, Beate. Grüß deine Freundinnen, rufe ich ihr noch nach.

Ein letztes Winken vor einer Biegung, und dann ist sie fort. Mehrfach denke ich, ich hätte sie um ihre Adresse bitten sollen. Aber vielleicht sind wir ja im nächsten Jahr zur gleichen Zeit in Santiago, sollte ich bis dahin gesund bleiben.

Oben auf der Bergkuppe ist die Erde weit aufgerissen. Der Bau eines Golfplatzes nimmt dem kleinen Dorf Cirueña die Ruhe und Abgeschiedenheit von Jahrhunderten. Aber noch kosten mein Tee, etwas Tortilla und ein Kuchen nur drei Euro.

Die letzten fünf Kilometer geht es nur bergab und dann in der Ebene weiter auf einem Staubweg. Aus der Ferne läuten die Mittagsglocken. Ist es wirklich schon so spät?

Ich bin die Erste in der Herberge. Schnell habe ich geduscht und gegessen und liege nun zufrieden auf meinem Bett. Durch das geöffnete Fenster sehe ich direkt in den tiefblauen Himmel, ganz selten fliegt eine weiße Wolke vorbei. Zischend jagen Schwalben durch die Lüfte, ich weiß nicht, wie viele.

In diesen ersten Pilgertagen habe ich viel erreicht. Ich bin oben in San Juan de la Peña gewesen, bin eingetaucht in die Mystik der Eunate und habe die ergreifend schöne Landschaft des Rioja durchwandert. Bin durch einen riesigen Garten voller Wein gegangen. Unter stetiger Sonne, die dem Wein die Reife gibt, mir aber stets zu heiß war. Zwischen den Hügeln, dem tiefen Grün der Reben auf dunkler Erde, den kleinen Weindörfern und dieser weiten klaren Sicht, wie ich sie sonst nirgendwo erlebt habe. Ich habe gnadenloser Hitze getrotzt, und einmal war mein Wasser zu früh alle. Wohl war ich oft erschöpft. Aber ich bin gesund geblieben. Nun ist mein Pilgerweg beinahe vollkommen. Ich bin gegangen, was ich auf meiner ersten Pilgerreise versäumt habe, weil ich damals Angst hatte, der ganze Weg würde zu lang, zu schwer für mich.

In Santo Domingo, meinem »kleinen Ziel«, bin ich jetzt

angekommen. Nun überlege ich, wie ich mein Fortkommen gestalte. Zu meinem »großen Ziel« Santiago. Um noch einmal meine Arme auf die Schultern des heiligen Apostels Jakobus legen zu dürfen.

Diese Stadt hat einen ganz besonderen Charme; man könnte meinen, in einem Kurort zu sein. In starkem Kontrast dazu steht die schaurige Legende aus dem grausamen Mittelalter, für die Santo Domingo de la Calzada berühmt ist. Ein junger Pilger wurde auf einen bloßen, noch dazu falschen Verdacht hin aufgehängt. Durch die wundersame Hilfe des heiligen Domingo überlebte er. Der unerbittliche Richter saß, als ihm dies berichtet wurde, gerade am Mittagstisch und höhnte, der Junge sei wohl so lebendig wie die beidenHühnchen vor ihm auf dem Teller. Daraufhin flogen die gebratenen Hühner davon.

Auf diese Geschichte geht der Brauch zurück, dass in einem Käfig in der Kathedrale von Santo Domingo ein weißer Hahn und eine weiße Henne gehalten werden. Jede Woche werden die Tiere ausgewechselt.

Es heißt, wenn der Hahn siebenmal in der Kathedrale kräht, soll das dem Pilger Glück bringen. Als ich die Kathedrale besuche, kräht der Hahn kein einziges Mal, obwohl wir so viele Pilger sind. In ihrer Unterkunft, auf dem Gelände unserer Herberge, höre ich sie jedoch oft krähen. Hier werden sie in sehr sauberen Ausläufen und Käfigen gehalten, um dann im Schichtdienst mit ihrem blütenweißen Federkleid in der Kathedrale zu stehen.

Der heilige Domingo de Viloria, dem die Stadt ihren Namen verdankt, war ein Einsiedler, der dort im elften Jahrhundert über den Río Oja mit seinen vielen Nebenarmen eine Brücke bauen ließ. Unter *calzada* versteht man die befestigte Straße. Wenn diese oft bereits von den Römern angelegten Straßen durch einen Ort hindurchführten, war das ein Hinweis auf den Reichtum der jeweiligen Ansiedlung. Dem entgegen war der *camino* ein unbefestigter Weg, der Staubweg also, auf dem wir Pilger am liebsten wandern. Auch er findet sich häufig in Ortsnamen. »Hornillos del Camino« wäre beispielsweise so ein Ort, der sich in früherer Zeit mit eben diesem Staubweg als Ortsdurchgang begnügen musste.

Von Santo Domingo
de la Calzada nach León

> Alle Reisen haben eine heimliche Bestimmung,
> die der Reisende nicht ahnt.
> *Martin Buber*

Die Norwegerin ist an diesem Morgen die Erste; eine große hagere Frau, weit über 70 Jahre. Es ist erst kurz nach vier. Ich kann mir Zeit lassen, denn ich werde mit dem Bus fahren. Bis Belorado könnte ich zwar sicherlich gehen, nicht aber durch die Montes de Oca, die danach zu bewältigen sind. Ab welchem Ort ich wieder ernsthaft pilgern werde, will ich mehr oder weniger dem Zufall überlassen.

Wie sich eine Gruppe von so unterschiedlichen Pilgern auf den Tag vorbereitet, ist schon sehr interessant. Die Ersten, allen voran die Norwegerin, sind, kaum haben sie den Rucksack gepackt, ohne Frühstück gleich weg – so wie ich das auch immer mache.

Die Franzosen hingegen frühstücken erst mal ausgiebig.

Dann nimmt eine Radfahrergruppe den Tisch in Beschlag. Sie essen schnell und zügig Unmengen, um dann wiederum viele Kilometer auf dem über weite Strecken unwegsamen Camino fahren zu können.

Gegen neun Uhr sind dann nur noch zwei junge deutsche Frauen da, die sehr weit gehen wollen, aber nur langsam in die Gänge kommen.

Als ich ins Freie trete, ist es schon wieder ziemlich warm. Mauersegler schießen durch die Lüfte, als hätten sie die ganze Nacht durchflogen. Der Duft früher Rosen lockt mich noch einmal in den Garten. Als dort der Hahn kräht, nehme ich Abschied von den weißen Hühnern und bedauere sie, weil sie immer nur in diesen reinlichen Käfigen sein müssen. Ich hingegen bin gern in dieser Herberge gewesen. Sie ist die älteste auf dem Camino: Bereits seit dem Jahr 1044 beherbergt sie Pilger.

Spanien ist ein richtiges Paradies, wenn man gern mit dem Bus reist. Busse fahren immer und überallhin. Zudem sind sie sehr preiswert. Nur ganz so pünktlich sind sie nicht, deshalb muss man zeitig an der Haltestelle sein und des Öfteren auch über die Abfahrtszeit hinaus warten.

Mein Bus hat sicherlich schon eine halbe Stunde Verspätung. Mit mir warten zwei Studentinnen aus Mailand, die jetzt über Madrid wieder nach Hause fliegen. Dieses kurze Stück Pilgerweg sei nur ein Probelauf gewesen. Im kommenden Jahr würden sie sich genug Zeit nehmen und ab Burgos bis Santiago pilgern. Santo Domingo habe ihnen sehr gut gefallen. Nicht aber die Unterkunft in dem Zisterzienserkloster. Schade, dass sie die falsche Unterkunft gewählt hatten! Für nächstes Jahr empfehle ich ihnen meine Herberge.

Kaum haben wir die Ebene von Santo Domingo in Richtung der Berge um San Juan de Ortega verlassen, bewölkt sich der Himmel. Später regnet es sogar. Die Pilger, an denen wir vorbeifahren, haben bunte Jacken an. Hier oben kann es auch im Sommer sehr kalt sein.

Es dauert kaum zwei Stunden, bis Burgos in Sicht kommt. Ich freue mich auf die Stadt und die Kathedrale.

Vor zwei Jahren konnte ich sie ja nicht besichtigen, weil sie wegen Renovierungen beinahe komplett abgesperrt war. Jetzt werde ich das Versäumte nachholen und aus ihrer Mitte hinauf in diesen einzigartigen Kuppelstern sehen.

Gleich als wir in die Stadt einfahren, schockieren mich die vielen Autos und die Menschenmassen, die über Straßen und Bürgersteige hetzen. Vielleicht wird es ja in der Innenstadt ruhiger?

Leider sind auch die Ufer des Arlanzón durch eine Großbaustelle verdeckt. Lange fahren wir daran entlang; der Verkehr wird immer dichter, der Lärm ist irrwitzig. Nun ja, tröste ich mich, wir sind gleich da. Dann gehe ich ganz schnell über diese schöne Brücke und bin im Zentrum!

Kurz vor dem Busbahnhof fährt der Bus an eben dieser Brücke vorbei. Auch sie ist durch Absperrungen und Maschinen verstellt. Ich bin zutiefst enttäuscht. Wäre ich doch weit weg! In einem kleinen, stillen Dorf, gleichgültig, wie dort die Unterkunft wäre.

Ich will sofort weiterfahren. Wohin, weiß ich noch nicht.

30 Minuten später sitze ich in einem Bus nach León. Die nagelneue Autobahn ist gesäumt mit Schildern der EU. Auf ihnen ist zu lesen, dass diese neue Trasse im Rahmen der Ernennung des Jakobsweges zum Weltkulturerbe vorangetrieben wurde.

Der Hinweis auf diesen Pilgerweg ist allgegenwärtig, auch bei den Ausfahrten zu den vielen kleinen Ortschaften, durch die ich vor zwei Jahren gepilgert bin. Wie auf einer Zeitreise rausche ich nun an ihnen vorbei. Dabei stelle ich mir vor, wie es sein wird, wenn die Pilger der Zukunft nur noch auf dieser Autobahn entlangfahren und mal eben, bei entsprechendem Hinweis, zum Camino abbiegen, durch das Dörfchen pilgern, einen Kaffee trinken und sich am Ende bei dem Parkplatz den Stempel abholen.

Im Übrigen ist die Meseta, jene Hochebene, die sich auf 600 bis 800 Meter Meereshöhe bis León erstreckt, sehr trocken und flach. Manchmal glaube ich daher, den Pilgerweg zu erkennen. Aber das ist sicher ein Irrtum, denn Pilger sehe ich keine.

In Carrión de los Condes beginnt es zu regnen, wie vor zwei Jahren. In Sahagún würde ich gern aussteigen, um in der Kirche zu übernachten, und bedauere es sehr, weiterfahren zu müssen. Doch der Zufall hat mich nun mal in den Bus nach León gebracht, und diesem Zufall will ich folgen.

In León führen mich ausgeblichene Pfeile zu einer mir bis dahin unbekannten Herberge in den Bereich der Ausfallstraßen dieser Stadt. Ich bin überrascht, bleibe aber dort. Das einzig Positive sind die kleinen Zimmer mit nur acht Betten, zumal bis zum Abend nur vier davon belegt sind.

Sogar ein extra Wohnzimmer ist hier, mit Sesseln und Schränken, in denen Bücher sind. Und einem großen Fernsehapparat. Von den Männern wird das sehr begrüßt, denn in dieser Zeit wird die Fußballweltmeisterschaft ausgetragen. Aber eine Küche, bei der man sich das Wasser vom anderen Ende eines langen Flurs aus den Duschräumen holen muss, hatte ich noch nirgends gesehen.

So einfach, wie mir die junge Dame an der Rezeption versichert hat, ist es nicht, in die Stadt zu kommen. Immerhin finde ich so ganz im Vorübergehen dann doch noch diese klösterliche Unterkunft, in die ich eigentlich wollte. In glücklicher Erinnerung gehe ich hinein. Doch dort hat sich alles verschlechtert, sogar der Innenhof fehlt. Sosehr ich diese Schlafmöglichkeit damals gelobt habe, jetzt würde ich sie nicht mehr empfehlen. Zumindest sollte man sich vor diesem Kellerraum hüten, vor dessen Tür Waschmaschinen und Trockner rauschen.

Im heiligen Jahr war der Domplatz voller Menschen. Jetzt sehe ich kaum mehr als zehn Pilger. *La Catedral de León* ist das schönste gotische Bauwerk Spaniens und eine der schönsten Kathedralen der Welt. Als ich um sie herumgehe, denke ich gleich wieder an Notre-Dame. Nicht unbedingt nur wegen der Gotik: Es ist das Gesamtwerk, das so zart und dennoch unverrückbar fest auf der Erde steht. In ihrem Innern reiht sich Fenster an Fenster, eines farbenprächtiger als das andere. Bis zu zwölf Meter hoch sind diese Gemälde aus Glas; mit ihren gewaltigen Ausmaßen scheinen sie das Gewölbe der Kathedrale ins Unendliche zu erweitern. Ich drehe mich im bunten Licht, und es ist, als ob die Kathedrale ein einziges großes Fenster wäre.

Vor einem Café setze ich mich zu einer Radpilgerin. Sie heißt Karin, kommt aus Freiburg und ist mir von Anfang an sympathisch. Ihre fröhliche und positive Stimmung steckt einen förmlich an. Sie ist jung, vielleicht 30, nicht ganz schlank und keine Radsportlerin im eigentlichen Sinne. Sie habe sich einfach eines Tages ein Rad gekauft und sei losgefahren. Inzwischen ist sie durch ganz Frankreich gefahren und hat ihr Rad über die Pyrenäen geschoben.

Weißt du, wie das ist, ein Rad steil bergauf zu schieben, fragt sie mich.

Nein. Diese Erfahrung habe ich noch nicht gemacht. Außer einmal, da bin ich im Weserbergland gewesen, erinnere ich mich.

Anfangs, erzählt Karin, habe sie beinahe jeden Berg geschoben, so ungeübt war sie. Jetzt ist sie bei guter Kondition und fährt mehr als 100 Kilometer am Tag. In nur drei Tagen kann sie in Santiago sein!

Es war, beschreibt sie ihre Gründe für den spontanen Aufbruch, an der Zeit, mich zu bewegen und etwas zu tun. Nur für mich ganz allein. Körperlich wie auch geistig-seelisch.

Besser könnte Karin das Bestreben, zu pilgern, nicht ausdrücken, das auch mich und so viele andere Menschen bewegt.

Von León nach Astorga

Auch die Pause gehört zum Rhythmus.
Stefan Zweig

Ich liebe Astorga. Frühmorgens bin ich mit dem Bus von León gekommen; in der *albergue* wähle ich das Bett, in dem ich schon geschlafen habe. Das sei ein gutes Omen, meint der *hospitalero,* ein junger Mann aus Deutschland. Es passiert schon mal, dass Pilger oder Pilgerinnen einfach an einem Ort hängen bleiben und dort ihre Hilfe anbieten. Nicht selten arbeiten junge Männer aus Deutschland auch im Rahmen des Zivildienstes in einer Pilgerunterkunft.

In dieser Herberge ist es auch diesmal wieder sehr nett. Sie bietet viel Komfort und liegt in einer ruhigen Gasse, nur wenige Minuten von der Kathedrale entfernt. An diesem Tag kommt ein amerikanisches Ehepaar mit zwei Söhnen, acht und zehn Jahre alt vielleicht. Diese Kinder rühren mich sehr: Wie sehr sie sich einfügen, wie wunderbar sie sich benehmen hier in diesem für sie ungewohnten Rahmen. Seit Pamplona sind sie unterwegs. Jeder der Jungen hat einen eigenen Rucksack und ist verantwortlich für alles, was darinnen ist. Am Abend helfen sie den Eltern beim Kochen.

Gleichgültig, wie sich die Zukunft dieser Jungen gestalten wird: Diese Pilgerreise gemeinsam mit ihren Eltern wird ihnen Kraft geben. Dieses Erlebnis wird sie wissen lassen, dass es noch etwas anderes gibt, etwas, das wichtiger ist als der tägliche Stress, in den wir uns nur allzugern einbinden lassen. Ich bin beeindruckt von den Eltern, die ihren Kindern diese Möglichkeit bieten.

Ich selbst habe auf dieser zweiten Reise etwas, das mir den Weg leichter macht: Peter, mein lieber Peter! Jeden Tag telefoniere ich mit ihm. Das Handy ist dann doch bequemer als diese andauernd kaputten Telefonzellen.

Inzwischen hat Peter mir die Daten für meinen Rückflug durchgegeben. Es war wohl nicht leicht, überhaupt noch einen Termin zu finden. Alle Flüge ab Santiago waren ausgebucht, schon über Wochen.

Zehn Tage bleiben mir noch. Morgen, beschließe ich, werde ich nach Portomarín fahren. Das geht nur über Lugo. Dort könnte ich einen Tag bleiben. Durch Lugo führt nämlich der Camino del Norte, der nördlichere Pilgerpfad nach Santiago. Fotos und Reiseberichte haben mich neugierig gemacht, mir diesen Weg zumindest einmal anzusehen.

Von Astorga nach Portomarín

Locke die Sonne nach dem Wolkenbruch
und gehe deinen Weg
über die Farben des Regenbogens.
Aus Griechenland

Durch das Bierzo-Gebirge zu fahren ist nicht nur ange-nehmer, als mich *per pie* da durchzuquälen – ich würde es zu Fuß auch gar nicht mehr schaffen. Vor zwei Jahren bin ich nicht rauf-, sondern nur runtergepilgert, und das war schon anstrengend genug.

Schon vor meiner jetzigen Reise war mir deshalb klar: Wenigstens für die schwierigen Passagen muss ich mich über den ehernen Grundsatz hinwegsetzen, dass das Fahren nicht im Sinne des Pilgerns sein kann. Die ganzen 800 Kilo-meter könnte ich sowieso nicht mehr gehen. Ich bin einfach zu alt und auch nicht gesund genug. Doch ich habe keine Minute damit gehadert. Mit dem, was ich leisten kann, möchte ich zufrieden sein. Und das ist immerhin noch eine ganze Menge. Dennoch, ein klein wenig bin ich mit mir unzufrieden: Zum zweiten Mal nun habe ich die Chance, über die Montes de León zum Cruz da Ferro zu pilgern, nicht genutzt. Lange bergige Wege ohne Wasserstellen und selten nur mal ein paar bewohnte Häuser machen diesen Weg sehr schwer. Zu groß ist meine Angst, zu versagen auf diesen einsamen Höhen, über die es zu pilgern gilt.

Trotz meiner Neugier auf den Camino del Norte bin ich offenbar nach wie vor nicht in der Stimmung, um lärmende Städte zu ertragen. Schon die Fahrt durch Lugo empfinde ich wie auch in Burgos und León als unerträglich.

Daher nehme ich sofort den nächsten Anschluss in mein geliebtes Portomarín. Diesen ruhigen Ort mit dem schönen Platz, auf dem der heilige Jakobus uns so energisch den Weg weist. Hier begegne ich Monika und Brigitte, zwei Freundinnen aus dem Schwarzwald, die seit Astorga unterwegs sind. Beide nur ein paar Jahre jünger als ich. Ich esse mit ihnen zu Abend und sehe den Störchen auf dem Kirchendach beim Füttern ihrer Jungen zu, während sich über dem Stausee regenschwere Wolken zusammenschieben.

Obwohl noch nicht mal zwei Jahre in Betrieb, hat diese Herberge den Charme eines Busbahnhofs. Aller Glanz, sofern er da war, ist dahin. Wir drei haben mächtiges Glück und kommen noch in einem Achtbettzimmer unter – bei jugendlichen Pilgern aus Irland, drei Mädchen und zwei Jungen. Die wären bestimmt auch lieber unter sich geblieben, ohne die deutschen Omas, denke ich selbstironisch. Als wir drei Grandmas dann auch noch hoch in die Betten krabbeln, gibt's kein Halten mehr: Wir beginnen lauthals zu lachen. Alle acht, bis die Tränen kommen. Eine kuriose Situation allemal, mit einem kleinen Schuss Tragik.

Noch einmal nach Santiago

Die Bäume weben den Wind,
und die Rosen färben ihn mit Duft.
Federico García Lorca

Noch 100 Kilometer schönsten Pilgerweges liegen vor mir. So leise wie irgend möglich klettere ich am Bettgestell runter. Bis auf die Notbeleuchtung ist es dunkel im Haus. Lichtschalter finde ich keine. Nach und nach kommt Leben in die Bude, es werden größere Leuchten auf die Tische gestellt. Doch da bin ich bereits aus der Tür.

Laut hallen meine Schritte auf der Holzbrücke über dem See. Bei dem steilen Anstieg überholt mich ein Asiate. Unter Seufzern schleppt er einen Rucksack, der fast höher ist als er selbst.

Da ich früh auf war, kann ich länger Rast machen und komme trotzdem gut voran. Irgendwo überholen mich die jungen Pilger aus Irland. Ich verspreche ihnen, dass sie heute Abend nicht wieder mit ihren Grandmas schlafen müssen.

In Palas de Rei ist es deutlich kühler geworden, der Himmel ist tiefschwarz. Bei unserem Pilger-Menú am Abend stoßen wir auf Monikas Geburtstag an und auf die Hochzeit, die an diesem Tag in Brigittes Familie gefeiert wird.

Unterwegs nach Melide dann, am nächsten Tag, nehmen mich Pilger in einem Taxi mit. So spare ich etwa vier oder fünf Kilometer und pilgere über Ribadiso nach Arzúa. In Arzúa passe ich auf dem Bürgersteig höllisch auf. Diese nicht enden wollende Straße ist wirklich sehr unangenehm, und mein schmerzhaftes Stolpern auf dem Gehweg ist mir noch nach zwei Jahren in schlechter Erinnerung. Das Zentrum des Ortes hingegen ist recht nett, die Herberge ausgezeichnet. Hier treffe ich Monika und Brigitte wieder, die heute in einer privaten *albergue* übernachten.

Ich schlucke Vitamintabletten, inhaliere einmal mehr, reibe meine Beine kräftig ein, schnüre die Stiefel fest. Dann gehe ich weiter, morgens im Dämmerlicht, in der himmlischen Ruhe der Natur. Wie immer auf meinen beiden Reisen sind diese frühen Stunden mit die schönsten Momente des Tages.

Vorbei an gepflegten Gärten, über denen der betörende Duft wunderschöner Rosen hängt, komme ich in den Ort Arca. Die Unterkunft hier ist nicht alt, aber sehr überlaufen und verwohnt. Monika und Brigitte kommen etwas später.

Der allerletzte Pilgertag! Die meisten Pilger in der Herberge sind an diesem Abend ganz hektisch vor Aufregung. Ich aber bin voller Freude und glücklich, es wieder einmal geschafft zu haben.

Die Nacht ist sehr unruhig, ich finde kaum Schlaf. Früh im Dunkeln stehe ich auf und mache mich auf den Weg, den ich schon kenne: die letzten Kilometer bis Santiago.

Hinter dem Horizont kündigt sich die Sonne an. Der erste Hahn kräht. Noch ist es zu dunkel, um im Wald zu gehen.

Alle möglichen Gedanken schwirren mir durch den Kopf. Wie wird Santiago mich empfangen? In der gleichen fröhlichen Stimmung wie vor zwei Jahren? Wie wird es in der Kathedrale sein? Hält sie wieder so viel Glück für mich bereit? Werde ich je wieder durch eine solch friedlich nächtliche Landschaft pilgern? Dem erwachenden Tag entgegengehen?

Schon gleiten meine Gedanken ins nächste Jahr. Könnte ich nicht noch einmal? Wenn ich gesund bin? Wäre das möglich? So viele Wege führen zum heiligen Jakobus! Könnte ich nicht einen dieser Wege wählen? Ab Porto vielleicht. Jetzt gibt es auch eine genaue Wegbeschreibung nach Finisterre und darüber hinaus. Diesen könnte ich anschließen an den Camino von Porto. Oder wie wäre es, einen der bekannten Pfade durch Frankreich zu gehen? Welchen Weg ich auch wählen werde, eines beschließe ich hier und heute: Ich werde mich vorbereiten für einen neuen Weg, solange mir dies möglich scheint.

Die Lieder der Vögel tönen nun schon aus allen Wipfeln. Gleich bin ich in Lavacolla. Na siehste, geht doch. Dort stehen Wartende an einer Bushaltestelle. Ich frage, ob sie nach Santiago wollen. *Sí, sí,* ist die Antwort; ich stelle mich dazu.

Nun bin ich viel früher angekommen als erwartet, gehe in die Albergue Acuario, stelle meinen Rucksack ab und strebe dem Zentrum zu: der Kathedrale.

Zuvor möchte ich noch ins Pilgerzentrum. Dort begegne ich drei Sachsen, ich kenne sie vom Weg. Wir vier sind die einzigen in dem Büro. Ein ganz schöner Unterschied zum heiligen Jahr!

Im Pilgerbüro geht es richtig nett zu. Die junge Señorita, die meinen Pilgerpass bearbeitet, sagt, wenn ich das nächste Mal nach Santiago käme, müsse ich ab Ferreiros gehen. Ab Portomarín seien es nicht ganz 100 Kilometer.

Ich bin doch oben im Rioja schon so lange gegangen, suche ich mich zu verteidigen. Schön, sagt sie, nun wisse ich ja Bescheid, und damit stellt sie mir meine Compostela aus. Wie eine Trophähe halte ich sie in der Hand und lasse sie gleich einschweißen. Ich weiß, dass ein paar Kilometer fehlen. Doch wegen meines schlechten Zustandes gerade auf dem Weg nach Sarria, während meiner ersten Reise, wollte ich in diesem Jahr Sarria auf gar keinen Fall zu nahe kommen.

Vor dem Haus spricht uns eine Frau an. Sie vermietet Zimmer; die drei Männer aus Sachsen, die noch immer ihre Rucksäcke tragen, sind interessiert. Spontan frage ich, ob sie auch eines für mich habe.

Sie mustert mich von oben bis unten, völlig ungeniert, und scheint zufrieden. 18 Euro soll das Zimmer kosten. Es sei nicht weit von hier. Schon eilt die Dame eine gerade Straße hinunter, dann etwas links; wir vier rennen hinter ihr her. Die Männer nehmen zusammen ein Zimmer und bezahlen.

Und dann komme ich in meines. *La Señora* zieht das Rollo hoch, und ich traue meinen Augen nicht. Vor mir sehe ich die Kathedrale in ihrer ganzen Schönheit und Größe! Ich gehe näher ans Fenster: Nur ein paar kleine Häuser und Gärten, etwa wie Schrebergärten, trennen mich von dem imposanten Bauwerk. Sogar eine Palme wächst dort.

Ich bezahle für drei Nächte. Jetzt habe ich mein eigenes Reich! Und das ohne große Anstrengung oder Planung – einfach, indem sich alles ganz leicht ineinanderfügte. Was für ein Glück ich hatte, so früh in Santiago zu sein!

In der Kathedrale finde ich sogar noch Platz in einer Bank. Atemlos höre ich die Messe. Der Botafumeiro wird geschwenkt; die Gläubigen erheben sich und klatschen, und ich bin dabei – eine weitere glückliche Fügung. Doch damit nicht genug.

Nach der Messe denke ich, geh nur einmal schnell durch die Kathedrale, ehe du den Rucksack abholst. Ich bin noch nicht an der ersten Bankreihe vorüber, da begegnet mir Norbert. Überrascht fallen wir uns in die Arme. Wie ist das möglich? Wir beide treffen uns hier, hier im Herzen von Santiago wieder! Es ist wie ein Geschenk des Himmels.

Norbert ist mit einem Freund gepilgert. Mit Waltraud, die sie unterwegs getroffen haben, sind sie sogar noch nach Finisterre gewandert.

Alle Achtung, dass du mit den Männern Schritt halten konntest, sage ich zu Waltraud.

Ja, weißt du, erwidert sie bescheiden, für mich ist das nicht so anstrengend, ich lebe ja in den Bergen.

Ich gehe immer wieder zur Messe, durch den Pórtico de la Gloria. Allein der Name dieses romanischen Meisterwerks ist voller Verheißung. Dreimal berühren wir Pilger die Skulptur des Baumeisters Mateo mit unserem Kopf, um etwas von seiner Kraft in uns einfließen zu lassen.

Ein- oder zweimal singt während der Messe eine Nonne. Mit ihrer klaren und reinen Stimme erhebt sie die Herzen der Zuhörer in himmlische Sphären.

Wieder wird der Weihrauchkessel geschwenkt. Bis hoch in die Kuppel der Kathedrale zieht er den Schweif des Weihrauchs mit sich. Begeisterter Applaus begleitet seine letzten Schwünge. Gestärkt verlassen wir nach jeder Messe die Kathedrale.

Ich zünde Lichter an für all diejenigen, die ich erreichen

möchte. Von den Mühen des Weges befreit, lege ich meine Arme um die Schultern des heiligen Apostels Jakobus, streichle seine Wange und sage: Sieh, ich bin da!

Die nächsten Tage sind angefüllt mit dem Reichtum des Glücks, der sich in Santiago einem jeden Pilger offenbart. Aber nein – nicht nur am Ziel, sondern auf dem ganzen Camino kann man dieses Glück erfahren. Man braucht dazu nur die richtige innere Einstellung: Dem Pilgern muss man sich hingeben, ohne zu fordern. Sich öffnen für die äußeren und inneren Eindrücke. Sie annehmen. Dann kann alles möglich sein.

Immer wieder trifft sich unsere kleine Gruppe zum Essen, auch im Parador. Der herrliche Duft frischen Gebäcks gehört für mich ebenso zu Santiago wie das Aroma des Weihrauchs.

Monika und Brigitte sind noch in Finisterre gewesen. Wir stellen fest, dass wir alle am gleichen Tag heimkehren werden. Verbunden in der Pilgergemeinschaft, tauschen wir die Adressen. Wir werden in Verbindung bleiben. Sind wir schon.

Abschied und Heimkehr

Und jedem Anfang wohnt ein Zauber inne,
der uns beschützt und der uns hilft, zu leben.
Hermann Hesse

Meine Stiefel sind abgelaufen, die Walkingstöcke mehr als verbraucht. Nur wenig ist in meinem Rucksack geblieben. Nichts ist mehr drinnen, das mich belasten könnte. Wie leicht er jetzt ist!

Die Flasche Wein, sie stand unberührt. Nun werde ich sie öffnen. Mich an das Fenster setzen und die Kühle der Nacht hereinlassen. Wie schön die Kathedrale im Licht der Scheinwerfer ist! Golden ragen ihre Türme in den ebenmäßig dunklen Himmel. Zum Weinen schön!

Morgen bin ich zu Hause. Peter wird mich abholen. Andreas mit seiner Familie wird uns besuchen. Uns den kleinen Enkelsohn bringen. Ein Geschenk des Himmels. Dank meiner Schwiegertochter.

Früh am Morgen ein schwaches Leuchten über der Kathedrale. Die Sonne geht auf! Im Wandel der Sekunden wird sie lichter und wärmer. In der Glut des Sonnenaufgangs werden die Zinnen zu Gold. Türkis färbt sich der Himmel. Welch ein herrlicher Tag!

Nachwort

Wege entstehen dadurch, dass man sie geht.

Franz Kafka

Jahr um Jahr pilgern Menschen jeden Alters und jeder Nationalität über den Jakobsweg. Viele nennen ihn auch den Sternenweg, den Weg des Lichts oder auch den Heiligen Weg. Sich auf diesen mittelalterlichen Weg zu begeben, ist eine überwältigende Erfahrung.

Mit dem Grab des Apostels Jakobus, der im neunten Jahrhundert zu seiner letzten Ruhe nach Compostela (Feld der Sterne) umgebettet wurde, entwickelte sich Santiago (San Jacobo) de Compostela zum bedeutendsten Wallfahrtsort Europas. Aus allen Himmelsrichtungen kamen die Pilger, zu Fuß *(per pie)* oder auch von weither mit ihren Schiffen über die Meere. Man ging zunächst alte und bereits bekannte Pfade. Doch neue Wege kamen hinzu, sodass sich in den folgenden Jahrhunderten der Pilgerschaft ein Netz von Pilgerwegen entwickelte, von Skandinavien und Warschau, von Italien und Wien und von noch weiter her.

Nach Überquerung der Pyrenäen vereinigten sich die Routen der Pilger, die monatelang auf all diesen Pfaden gewandert waren, in Spanien zu einem einzigen Weg, dem Camino Francés. Bis auf einige Passagen entspricht der Jakobsweg unserer Zeit noch immer dem durch die Jahrhunderte ausgetretenen Pilgerpfad. Im Jahr 1590 wurden die

Gebeine des heiligen Jakobus als Folge der kriegerischen Auseinandersetzungen an einen sicheren Ort verbracht. Gleichzeitig kam es zu einem starken Rückgang aller Wallfahrten nach Santiago. Erst um 1880 wurde die zwischenzeitlich in Vergessenheit geratene Reliquie wiederentdeckt, was auch erneut zu einem Aufleben der Pilgerschaft führte. Die Ernennung der Stadt Santiago de Compostela zum Weltkulturerbe der Menschheit im Jahr 1985 durch die UNESCO verbreitete die Kunde von diesem Heiligen Weg in alle Länder dieser Erde. Dies brachte insbesondere auch viele junge Pilger auf den Weg.

Beginnend auf dem Somportpass oder in Saint-Jean-Pied-de-Port ist der Jakobsweg etwa 800 Kilometer lang. Dem Pilger stehen in vielen Orten entlang des Weges Herbergen zu Verfügung, in denen man sehr oft sogar kostenlos übernachten kann. Als Information zur Vorbereitung und während der Pilgerreise ist ein guter Wanderführer unerlässlich. Eines dieser Bücher, welches während des Lesens schon sehr zu Herzen geht, ist »Spanien: Jakobsweg Camino Francés« von Michael Kasper und Michael Moll mit dem wunderbaren Untertitel »Der Weg ist das Ziel«, erschienen in der Reihe »Outdoor Handbuch« im Conrad Stein Verlag. Hier erhält der Pilger alle Informationen, die er benötigt, um wochenlang in Spanien zu Fuß unterwegs zu sein. Die aktuelle Ausgabe enthält mittlerweile auch die Höhenprofile, die bei der Planung von Wegstrecken so hilfreich sein können.

Buen Camino! Uns allen einen guten Weg!

Elke Irmlind Sauer, Februar 2008

254

Dank

Mein besonderer Dank gilt allen Mitarbeitern unserer großen weiten Jakobsgemeinschaft, die unermüdlich und oftmals unentgeltlich für uns Pilger den Weg bereiten.

Von ganzem Herzen richte ich meinen Dank an all die vielen *hospitaleras* und *hospitaleros,* die uns Pilgern zur Nacht ein Bett anbieten und uns das Wasser zum Duschen wärmen.

Buen Camino und ein freundschaftliches Dankeschön allen Begleitern auf dem Camino, auch der großen Schar namentlich nicht genannter *peregrinos.*

Hier gilt mein Dank an erster Stelle dem jungen Franzosen, meinem Schutzengel, der in der Hitze des Weges vor Sarria mir sein Trinkwasser gab.

Schließlich möchte ich meiner Familie danken, vor allem Peter, der mit großer Geduld meine Leidenschaft für das Pilgern in all seinen Facetten begleitet und mir mit Rat und Tat zur Seite steht.

Danke, Andreas, dass du immer zur Stelle bist, wenn es um meine Unkenntnis im Umgang mit meinem Computer geht.

Ferner möchte ich mich bei Herrn Gerald Fiebig bedanken, den ich für mein Manuskript begeistern konnte. Ich hätte mir keinen besseren und für meinen Jakobsweg sensibleren Lektor wünschen können.

Dank auch dem Weltbild Verlag, der die Veröffentlichung meines Buches ermöglichte.

Mein größter Dank gilt nun zum guten Schluss dem heiligen Jakobus, der mit schützender Hand uns lehrt zu pilgern und uns diesen verheißungsvollen Weg tiefster Erfahrungen bereitet.

In dir muss brennen,
was du in anderen
entzünden willst.
Aurelius Augustinus